www.tredition.de

Uwe Heymann

Yoga und das Innere Kind

Wie wir emotionell erwachsen werden

www.tredition.de

© 2015 Uwe Heymann

Verlag: tredition GmbH, Hamburg

ISBN
Paperback: 978-3-7323-5849-6
Hardcover: 978-3-7323-5850-2
e-Book: 978-3-7323-5851-9

Printed in Germany

Das Werk, einschließlich seiner Teile, ist urheberrechtlich geschützt. Jede Verwertung ist ohne Zustimmung des Verlages und des Autors unzulässig. Dies gilt insbesondere für die elektronische oder sonstige Vervielfältigung, Übersetzung, Verbreitung und öffentliche Zugänglichmachung.

Vorwort	**9**
Einleitung	**13**
1. Die Kindheit	**18**
Das innere Kind	**31**
Unsere Automatismen	**35**
Altersregression	38
Flucht in die Zukunft	39
Rechtfertigen	40
Ausklinken	41
Illusionen	45
Der innere Dialog	47
Amnesie	48
Spiritualisieren	50
Das Gewissen	**55**
2. Die Jugend	**61**
Auswirkungen	**70**
Fehlende Ablösung	70
Kinder oder Eltern?	72
Partnersuche	77
Probleme „vererben" sich	81
Auflösung der Ordnungen	82
Mütter und Väter	86

Männlichkeit - Weiblichkeit 93

Täter und Opfer 99

Gesellschaftliche Auswirkungen...............102

Auswirkungen am Arbeitsplatz.................103

Erweiterung des Erwachsenenbegriff............109

Die „Heilung" des inneren Kindes 112

3. Der Erwachsene 114

Die Spannung des Lebens.................................115

Unsere Eltern 131

Die Arbeit mit den Kindheitsmustern..............141

Anerkennen der Kindheitsmuster.............142

Umgang mit den Automatismen 145

Überwältigende Situationen......................147

Unsere Energieschilde 151

Erwachsene Energie 163

Ankommen in der Gegenwart...................167

Der Übergang zum Erwachsenen..............168

Der vollintegrierte Erwachsene.................169

Männlichkeit und Weiblichkeit.................178

Erwachsene am Arbeitsplatz.....................185

Erwachsenen- und Führungsqualitäten.....187

4. Yoga – Der Praktische Weg 189

Die drei Körper und ihre fünf Hüllen 193

Der Yoga-Weg 200

Pranayama 208

Die drei Gunas 215

Die Qualität unserer Lebensmittel 221

    Einteilung der Lebensmittel 221

Die Körperübungen - Asanas 229

Die Chakras – Themen unseres Lebens 236

    1. Muladhara Chakra 238

    2. Swadisthana Chakra 239

    3. Manipura Chakra 240

    4. Anahata Chakra 242

    5. Vishudha Chakra 245

    6. Ajna Chakra 248

    7. Sahasrara Chakra 250

Die Arbeit an den Chakras 251

Yama und Niyama 260

Die Chakras im Alltag 263

Yoga im Alltag - Übung des Raja-Yoga 269

Nachwort 277

Literaturhinweise 279

Über den Autor 280

Vorwort

Das Feld der menschlichen Beziehungen ist so vielfältig wie die Menschen unterschiedlich sind. Dementsprechend viele Möglichkeiten gibt es, wie Beziehungen in allen Bereichen auch scheitern können. Und doch zeigen sich in der psychotherapeutischen Praxis immer wieder grundlegende Themen, an denen wir alle gleichermaßen zu knabbern haben. Es handelt sich dabei nicht um psychische Erkrankungen, sondern Eigenheiten der menschlichen Entwicklung, die sich jedoch, wenn nicht beachtet, zu größeren Problemen oder auch Erkrankungen ausbreiten können.

Wir sprechen immer wieder von der Einheit von Körper, Seele und Geist. Dabei achten wir in unserer Gesellschaft vor allem auf die geistige Entwicklung. Unter Bildung verstehen wir in erster Linie geistige Bildung und die Schule ist fast ausschließlich ein Ort der Wissensvermittlung. Das zweitwichtigste ist dann der Körper um dessen Wohlbefinden wir uns eventuell in der übrigen Zeit mittels Sport kümmern. Wenn das nicht mehr funktioniert dann ist der Arzt oder der Physiotherapeut zuständig. Die Seele jedoch, die ich in diesem Kontext mit dem Gefühlsleben gleichsetzen möchte, wird weitestgehend dem Zufall überlassen. Oder noch schlimmer, wir schütten sie mit Bildern von Gewalt und Horror zu. Und das ist eigentlich sehr erstaunlich, da es doch der Teil in uns ist, der uns hauptsächlich antreibt. Alles, was wir in unserem Leben wirklich erreichen wollen, hat emotionale Gründe. Wir verfolgen unsere Ziele, weil wir davon ausgehen, dass es uns danach irgendwie besser geht. Dafür sind wir bereit, sehr viel Zeit und Energie einzusetzen.

Welche Auswirkungen unsere mangelhafte emotionelle Bildung in unserem Leben hat, soll Thema dieses Buches sein. Dabei werde ich von vielen eigenen Erfahrungen als Lehrer, Therapeut und Mensch erzählen. Es geht mir darum, die Hintergründe zu betrachten und dabei die ein oder andere Möglichkeit aufzuzeigen, wie es vielleicht anders funktionieren könnte. Dazu werden wir uns unsere Entwicklung etwas genauer ansehen und Erfahrungen beobachten, die uns in unserem Leben immer wieder einholen. Das heißt wir werden uns von Anfang an damit beschäftigen, was die einzelnen Entwicklungsstufen auf der emotionellen Ebene bedeuten. Das könnte für Sie etwas ungewohnt sein, da Sie wahrscheinlich, wie wir alle, eher darin geübt sind, dem sichtbaren, körperlichen Teil unserer Entwicklung die Aufmerksamkeit zu schenken. Eine Eigenheit unserer naturwissenschaftlichen, materialistischen Prägung.

Warum dieses Buch? Zusammen mit meiner Kollegin Ilonka Breitkopf haben wir eine zweijährige Seminarreihe entwickelt, die sich in einem intensiven Prozess den hier beschriebenen Themen widmet. Mit Hilfe von systemischen Aufstellungen arbeiten wir von Grund auf die persönlichen Themen der Teilnehmer durch. Um die Arbeit an den Seminarwochenenden zu vertiefen und weiterzuführen war es mir ein Anliegen, für die Teilnehmer eine Begleitschrift zu erstellen. Darin sollte neben den Skripten, die ohnehin Teil der Ausbildung sind, die ganze Thematik nochmals aufbereitet werden. Nun, wenn man mit so einem Projekt einmal anfängt, merkt man erst, was noch alles wichtig ist, darin aufgenommen zu werden. Und so ist dieses Buch entstanden.

Ich habe in den Text immer wieder kleine Übungen einfließen lassen, damit das Gelesene nicht nur den Intellekt sondern auch andere Ebenen anspricht. Dabei geht es um Wahrnehmungen auf der emotionelle Ebene, welche wiederum eng mit unserem physischen Körper verbunden ist. Dadurch üben wir uns darin, wieder alle Ebenen, die uns ausmachen, zu integrieren. Deswegen empfehle ich, dass Sie sich den Übungen jeweils sofort widmen. Ansonsten ist die Gefahr groß, dass Sie nur Ihrem Intellekt wieder einen weiteren Baustein hinzufügen, der dann genauso schnell auch wieder verloren geht.

Jetzt wünsche ich Ihnen, dass Sie die Muse finden, sich auf das folgende Abenteuer einzulassen.

Einleitung

Neben meinen Erfahrungen als Musiker und Musiklehrer wurde mein Weg vor allem durch die folgenden drei Erfahrungsbereiche geprägt:

1. Die Tradition des Yoga hat mir neben vielen anderen Erkenntnissen vor allem gezeigt, dass wir unser Wohlbefinden selbst in den Händen haben. Das klingt banal, ist aber in der Tiefe seiner Bedeutung kaum zu überschätzen! Mein Wohlbefinden und darüber hinaus auch die Antwort auf viele Fragen in meinem Leben sind nicht von Objekten oder anderen Menschen abhängig. Ich kann mich davon abhängig machen, aber ich werde dadurch mein Wohlbefinden und meine Zufriedenheit auf Dauer nicht erhalten. Um diese Erkenntnis zu verwirklichen, bietet Yoga eine alles umfassende Praxis an, mit Hilfe derer wir alle Stufen unserer Entwicklungsfähigkeit erklimmen können. Die große Krux ist, dass die Yogapraxis nach innen geht. Damit haben wir die größten Probleme, da wir in unserer Kultur unsere Schwierigkeiten lieber im Außen lösen, als uns selbst zu bewegen. So behauptet Yoga auch, dass das einzige Problem, das es überhaupt gibt, in unserem Ego liegt. Das zu akzeptieren fällt unserem Ego natürlich sehr schwer. Deshalb ist Yoga auch in erster Linie ein praktischer Weg, da wir

gewöhnlich unseren Erfahrungen mehr trauen als den Worten irgendeines Lehrers. Und das ist im Grunde gut so. Yoga sagt also erstens, dass Veränderung möglich ist und zweitens, dass diese Veränderung in unserer eigenen Macht steht. Wir haben es in der Hand, die Dinge zum Positiven zu beeinflussen. Diese Erkenntnis ist nicht selbstverständlich angesichts des vielfältigen Leids, von dem wir täglich erfahren.

2. Die Schulungen im indianischen Medizinrad haben noch einmal einen anderen Schwerpunkt gesetzt. Während Yoga sehr direkt an die Wurzel unserer Probleme, also unseren Geist, geht, beschäftigt sich das Wissen des Medizinrades, so wie ich es erfahren haben, noch mehr mit den zwischenmenschlichen Interaktionen. Das hat mein Bewusstsein dafür geschärft, wie wir auf der emotionellen Ebene miteinander kommunizieren und vor allem auch manipulieren. Das Wissen der Indianer ist reinste Tiefenpsychologie und es geht auch noch darüber hinaus. Aber es lehrt uns vor allem erst einmal große Achtsamkeit und schult dadurch die Fähigkeit der Wahrnehmung gegenüber zwischenmenschlichen Prozessen. Diese Fähigkeit ist grundlegend, wenn wir uns persönlich weiterentwickeln wollen. Aber auch die Achtsamkeit für innerpsychische Bewegungen, also was in mir bei bestimmten Situationen vor sich geht, gehört dazu.

3. Die systemische Aufstellungsarbeit gibt mir die Möglichkeit, die verdeckten psychischen Dynamiken in und um uns auch anderen Menschen bewusst erfahrbar zu machen und so eine Grundlage zu schaffen, auf der wir uns persönlich weiterentwickeln können. Neben diesen direkten emotionellen Prozessen, wie sie sich im Alltag ständig abbilden, zeigt uns die Aufstellungsarbeit aber vor allem die Zusammenhänge in die Tiefe auf. Hier wird uns durch direkte Erfahrung bewusst, dass wir nicht das unabhängige Einzelwesen sind, als das wir uns normalerweise wahrnehmen. Aufstellungen zeigen unsere Verbindung zu unseren Eltern und noch weiter zu unseren Ahnen. Dadurch werden tiefe Zusammenhänge sichtbar, dessen Bewusstwerdung unser Erleben in ein vollkommen neues und ergänzendes Licht stellt.

Aus allen drei Erfahrungsbereichen habe ich jetzt nur einen für mich wesentlichen Bestandteil heraus gegriffen, ohne damit auch nur annähernd die jeweils enthaltene Fülle beschreiben zu können. Was aber alle drei Disziplinen gemeinsam haben, ist das Wissen, dass unser Intellekt nur eine Ebene unseres Daseins abbildet und für andere Ebenen schlichtweg unzulänglich ist. Daraus folgt auch ein jeweils unterschiedliches Vorgehen, je nachdem auf welcher

Ebene ich mich bewege. Das ist erst einmal nichts besonderes: Gefühle fühlen wir und Gedanken denken wir. Und doch versuchen wir in unserem Leben immer wieder die emotionellen Wahrnehmungen wegzudiskutieren oder logische Ergebnisse zu negieren, weil wir etwas anderes wollen. Dadurch entsteht sehr viel Verwirrung, die uns im Alltag oft die undurchschaubarsten Probleme bereitet.

Wir haben uns in unserer Kultur dafür entschieden in erster Linie unserem Intellekt zu vertrauen. Dieser Intellekt ist allerdings ein lineares Instrument, das immer eins zum anderen setzt, ohne dabei unbedingt Aspekte zu beachten die nicht im Blickfeld liegen. Inzwischen haben unsere Systeme allerdings eine solche Komplexität erreicht, dass es nicht mehr ausreicht einzelne Kausalketten zu verfolgen, sondern wir müssen immer das gesamte System im Blick haben, denn je mehr die Dinge untereinander vernetzt sind, desto mehr sind Interaktionen möglich und relevant. Das betrifft Produktionsabläufe in Betrieben genauso wie Bewegungen im Finanzsektor oder Prozesse auf politischer Ebene.

Und es betrifft vor allem auch die Beziehungen zwischen den Menschen. Und hier können wir einiges von diesen sogenannten nichtwissenschaftlichen Disziplinen lernen. Denn wenn wir uns darauf einlassen, machen wir sehr bald die Erfahrung, dass der Mensch aus mehr besteht als nur Materie und Intellekt, worauf wir uns meist reduzieren. Ja die großen Fragen der modernen Zeit wie auch die großen Fragen seit Menschengedenken sind nur zu beantworten, wenn wir wieder alle Ebenen, die uns ausmachen, integrieren.

Um uns diesem äußerst komplexen Gebiet jetzt zu nähern, wollen wir erst einmal klären, woher wir kommen und was uns eigentlich ausmacht.

1. Die Kindheit

Übung 1
Legen Sie bitte das Buch kurz zur Seite und lassen Sie ihre Aufmerksamkeit zurück schweifen in Ihre Kindheit. Stellen Sie einen Kontakt zu dieser Zeit her. Erinnern Sie sich an bestimmte Erlebnisse und versuchen Sie vor allem auch in das Gesamtgefühl einzutauchen. Tun Sie es jetzt!

Spüren Sie wie gewichtig diese Erinnerungen sind? Vielleicht haben sie bei Ihnen in der Zwischenzeit schon an Gewicht verloren, dann erinnern Sie sich daran, wie wichtig sie einmal waren. Möglicherweise aber spüren Sie darin auch einen Großteil Ihrer Identität. Aber beginnen wir von vorne:

Es beginnt mit einem Funken. Der Funken Ihrer Befruchtung, der entsteht durch die Verbindung der beiden Pole Ihrer Mutter und Ihres Vaters. Diese beiden Energiefelder vereinigen sich in der Befruchtung zu einem neuen gemeinsamen Feld, das sich in den nächsten neun Monaten Zelle für Zelle ausbreitet zu einem neuen Wunder der Natur. In dieser Zeit leben Sie umsorgt mit allem Notwendigen in totaler Einheit mit Ihrer Mutter. Ein unbewusster Zustand, der zu Recht mit dem Paradies verglichen werden kann.

Übung 2

Machen Sie bitte kurz die Augen zu und fühlen Sie sich in diesen Zustand ein. Irgendwo in Ihnen schlummert dieses Wissen über diese Zeit, auch wenn es Ihnen nicht bewusst ist. Immerhin waren es ca. neun Monate. Und Sie betreten dabei sehr wahrscheinlich eine vorsprachliche Welt, in der das bekannte Denken noch nicht stattfindet.

Man kann diese Zeit auch als Einheitsbewusstsein bezeichnen, da noch keine Unterscheidung zwischen Ich und Du, zwischen Innen und Außen möglich ist. Und doch wirken hier schon die ersten Erfahrungen auf uns ein, die uns über unsere Mutter vermittelt werden. Bewegungen, Töne. Ja wir entstehen und leben neun Monate lang in dem Energiefeld unserer Mutter. Diese Tatsache ist gar nicht hoch genug einzuschätzen, denn schließlich ist das unsere Erfahrung von Schutz und Geborgenheit, für das Dascin in der Einheit. Diese Erfahrung holt uns das ganze Leben lang wieder ein. Denn im Grunde sind wir ständig auf der Suche nach diesem Glück, bei dem jegliches weitere Bedürfnis aufhört, und wir einfach ankommen können. Ohne etwas leisten zu müssen, ohne das richtige tun oder sagen zu müssen. Einfach angenommen zu sein, wie wir sind. Einfach zu sein. Wie wir das schaffen, ist eine andere Frage, aber das Bedürfnis nach diesem Ziel dürfte bei allen Menschen gleich sein. Nur eines ist klar: Der Mutterbauch kann es nicht mehr sein.

Übung 3

Es ist lohnenswert dieses Gefühl des angekommen seins im Hier und Jetzt, ohne noch etwas erreichen zu müssen, für einen längeren Zeitraum in sich aufzuspüren. Sie können daraus auch eine tägliche Übung machen.

Irgendwann ist dieses Paradies im Mutterbauch beendet und wir werden in die duale Welt hineingeboren. Es geht darum, den ersten Atemzug zu tun und damit das erste Mal in eine neue Selbständigkeit zu treten. Diese ist in diesem Moment natürlich noch sehr beschränkt, aber trotzdem existieren wir durch die Geburt das erste Mal unabhängig von unserer Mutter.

Übung 4

Machen Sie bitte nochmals die Augen zu und entspannen Sie sich. Lassen Sie Ihre Atmung zur Ruhe kommen. Gelingt Ihnen das? Es geht jetzt darum, dass die Atmung ganz langsam wird. Bis Sie schließlich nach der Ausatmung aufhören zu atmen. Achten Sie dann besonders auf die nächste Einatmung, die von selbst geschieht. Sobald sie beginnt, atmen Sie möglichst tief ein und spüren, wie Sie dabei wieder ins Leben treten. Ja wie Sie richtig nach dem Leben greifen.

Dieser Übergang vom paradiesischen Zustand im Bauch unserer Mutter zu der uns bekannten Welt ist in seiner Dramatik wohl einzigartig. Wenn wir uns einmal bewusst machen, wie wichtig in unserem Leben Stabilität ist und wie oft uns selbst kleine Änderungen in unseren Gewohnheiten aus dem Konzept bringen, können wir uns vorstellen, wie schockierend wir die Geburt möglicherweise erlebt haben. Dieser Übergang ist an Intensität eigentlich nur noch mit dem Tod zu vergleichen.

Stellen Sie sich vor, Sie treten nach langer Zeit der Dunkelheit durch ein Tor ins Licht einer neuen Ihnen unbekannten Welt. Sie werden wohl aus dem Staunen nicht mehr heraus kommen. Ständig entdecken Sie etwas neues, machen neue Erfahrungen. Es ist einfach überwältigend. Das heißt, Sie sind auch nicht in der Lage ihre Erfahrungen zu sortieren, einzuordnen, da es noch keine vergleichbaren Erfahrungen gibt. Sie werden einfach alles unterschiedslos aufnehmen. Sie zeichnen quasi eine neue Landkarte.

Das ist Ihre Situation als Neugeborenes. Auf diesen sogenannten Primärerfahrungen baut Ihr ganzes weiteres Leben auf. Erst mit der Zeit, wenn Sie wieder ähnliche Erfahrungen machen, ist es Ihnen langsam möglich, zu vergleichen. Und dann werden Sie vielleicht auch immer mehr eine Wahl treffen, was Sie in diesem Moment bevorzugen. So kommt eines zum anderen. Wir kennen das nach wie vor: Je nachdem wie wir uns jetzt fühlen, reagieren wir entsprechend auf das nächste Erlebnis. Aus dem, was sich daraus ergibt, gehen wir weiter in das Nächste usw. Unsere Entscheidungen basieren auf dem, was wir bis jetzt erlebt haben. Unsere Abwägungen können wir immer nur auf dem Hintergrund des Erlebten vornehmen. Das, was wir nicht kennen, können wir nicht abwägen.

Alle Erfahrungen, wie wir sie als ausgelieferter Säugling erleben, entwickeln im Gesamten unser Bild von der Welt. Und zwar der Welt, die uns ganz persönlich umgibt. Eine andere existiert für uns noch nicht.

Die wichtigsten Bezugspersonen sind natürlich unsere Eltern und sie bleiben es auch über die nächsten Jahre unserer Kindheit. Sie sind die, in dessen Energiefeld wir eingebettet sind und die uns die Welt in erster Linie erklären. Die uns die Etiketten geben für die Dinge, die wir sehen, die uns zeigen was richtig ist und was falsch, was gewünscht ist und was nicht. Wo die Butterdose im Kühlschrank steht und wie wir unsere Zähne putzen sollen. Dass der Nachbar x komisch ist und die Tante y ganz nett. Und wir zeichnen dabei unsere Landkarte und lieben es, immer mehr davon zu erfahren und immer mehr auch dazu zu gehören. Ja eines der wichtigsten Dinge für Kinder ist, dazu zu gehören. Das ist überlebenswichtig. Die Liebe der Eltern zu spüren bedeutet dazu zu gehören. Deshalb tun wir als Kind auch alles dafür.

Aber auch die Themen, die unsere Eltern ausblenden, weil sie selber damit nicht zu Recht kommen, Verhaltensweisen, die sie ablehnen, weil sie es so von ihren Eltern gelernt haben, oder weil es in der momentanen Gesellschaft immer noch tabu ist, nehmen wir von ihnen auf. Das sind die Gesetze, die in der Familie, der Sippe aber auch in der Gesellschaft gelten. Wir wachsen da hinein und lernen dadurch ganz genau, wie das Leben in unserem Umfeld funktioniert.

Übung 5

Schließen Sie bitte die Augen und fühlen Sie sich in Ihre Vergangenheit als Kind ein. Lassen Sie ein paar ganz typische Bilder zwischen Ihnen und Ihrer Mutter lebendig werden. Dinge, die Sie von Ihrer Mutter gelernt ha-

ben. Wie sie von ihr angesehen wurden. Wie sie gelächelt hat und wie sie Sie bestätigt hat. Wie fühlt sich das an? Tauchen Sie in das Gefühl. Ein oder zwei Episoden reichen dafür aus.

Sie haben wahrscheinlich gemerkt, wie vertraut Ihnen dieses Gefühl ist, wie es wohl ein Teil Ihrer Identität ist und wie Sie sich dabei entspannen und vielleicht aufgehoben fühlen.

Wir lernen als Kinder mit unserer gesamten Wahrnehmung und werden dabei Teil der Situation. Am Anfang unseres Lebens haben wir noch gar kein Bewusstsein dafür, dass wir ein eigenständiger Mensch sind. Wir sind praktisch unsere Erlebnisse. Und alles wird unwiderruflich auf unsere „Festplatte" gebrannt. Das Ganze ergibt das, was wir für gewöhnlich unsere Identität bezeichnen. Wir hören dann oft den Satz: "So bin ich nun mal!"

Es entsteht also mit der Zeit ein ziemlich fixes Bild der Wirklichkeit, und uns ist überhaupt nicht bewusst, dass dieses Bild in erster Linie von den Verhaltensweisen und Erklärungen unserer Eltern abhängig ist. Wir denken: Das ist die Realität!

Das alles mag viele Vorteile haben. Zum Beispiel lernen wir somit, wie es in unserer Gesellschaft zu geht. Das beginnt bei der Sprache und geht bis zu dem intuitiven Wissen, welche Grenzen in meinem Umfeld gelten und wann sie übertreten werden. Wir entwickeln sogar eine ganz besondere Wahrnehmung dafür, was jeweils angebracht ist und was nicht. Aber auch viele praktische Handlungen des Alltags haben wir seit den Kindertagen so verinnerlicht, dass sie automatisch ablaufen und wir nicht jedes Mal jede einzelne Handlung bewusst steuern müssen. Ein typisches Beispiel dafür ist das Radfahren. Wenn wir uns nach ein paar Jahren immer noch so anstellen würden, wie beim ersten Mal, dann hätten wir es schon längst aufgegeben.

Übung 6

Machen Sie eine kurze Lesepause und sinnieren Sie über einige solcher Automatismen, die Sie seit Ihrer Kindheit in sich haben. Bleiben Sie dabei erst einmal bei den ganz offensichtlichen, wie z.B. Zähneputzen. Vielleicht wird Ihnen sogar die entsprechende Überzeugung bewusst, die jeweils dahinter steckt. Oder Sie können sich noch daran erinnern, wie es Ihnen beigebracht wurde.

Möglicherweise sind Ihnen ja jetzt ein paar Dinge aufgefallen, die Sie in Zukunft kritischer oder neu angehen möchten. Es ist jedenfalls immer eine lohnende Übung für unseren Geist, die Dinge einmal anders zu tun als bisher. Neue Handlungsmöglichkeiten zu entdecken. Finden Sie z.B. einen anderen Umgang mit Ihren Socken oder wie Sie sich nach dem Duschen abtrocknen und beobachten Sie, was es in ihrem Bewusstsein hinterlässt.

Gewohnheiten haben den Vorteil, dass sie unsere Aufmerksamkeit freigeben, sich mit anderen Dingen zu beschäftigen. Das ist wunderbar in unserer Welt, da wir ohnehin möglichst immer drei Dinge auf einmal tun sollten, damit wir noch alles erledigen können. So benutzen wir unseren Geist dafür, während des Autofahrens das nächste Wochenende zu planen, Radio zu hören und auch noch mit dem Beifahrer zu reden. Uns selbst spüren wir dabei meist nicht mehr, wir funktionieren.

Übung 7

Während Sie dieses Buch lesen, also geistige Aktivität, werden Sie sich bitte des Automatismus Ihrer Körperhaltung und Atmung bewusst. Dabei sollten Sie ihre Haltung nicht gleich ändern, wenn sie Ihnen unbequem vorkommt, sondern dieses Gefühl möglichst genau wahrnehmen. Was hat Ihre Körperhaltung oder Ihre Atmung im Moment für eine Qualität. Sind Sie zusammengezogen, gekrümmt, atmen Sie flach oder haben Sie eine offene, entspannte Atmung und Haltung?

Wie Sie bei dieser Übung vielleicht bemerkten, haben wir auch Gewohnheiten in uns, die uns nicht immer gut tun. Die meisten dieser Gewohnheiten wurden möglicherweise schon vor 20, 30 oder 40 Jahren ausgebildet und viele davon behindern uns heute eher als sie uns nützen.

Überspitzt könnten wir jetzt vielleicht sagen: Ihre Identität speist sich zu einem großen Teil aus Erfahrungen, die Sie durch andere Menschen (meist Ihre Eltern) zu einer anderen Zeit (meist vor Jahrzehnten) mit einem eingeschränkten Bewusstsein (z.B. als Dreijähriger) gemacht haben. Ob die Lektionen damals gestimmt haben, sei dahingestellt, es war die Sichtweise Ihrer Eltern oder anderer Bezugspersonen. Ob Sie die Lektionen als z.B. Dreijähriger richtig verstanden haben, ist fraglich (versuchen Sie mal einem Dreijährigen etwas zu erklären). Und dass die Welt heute, z.B. 30 Jahre später, anders ausschaut, ist offensichtlich.

Es könnte also gut sein, dass unsere „Software" mit unserem heutigen Leben nicht mehr ganz kompatibel ist. Hinzu kommt, dass unsere Eltern schon unter dem gleichen Dilemma litten, dass ihre Sichtweisen wiederum von der Welt ihrer Eltern geprägt sind usw.

Insbesondere schwerwiegende Vorfälle wie Krieg, früher Tod eines Angehörigen oder Gewalttaten können sich so tief in uns verankern, dass sie unser weiteres Leben überschatten und somit auf Grund besonderer Mechanismen, auf die wir noch zurück kommen, über Generationen weitergegeben werden. Solche transgenerationalen Traumata rücken erst seit den letzten zwei, drei Jahrzehnten immer mehr in den therapeutischen Fokus. Dabei begegnen uns Begriffe wie Kriegskinder und die Kinder der Kriegskinder, mit Hilfe derer jeweils ähnliche Symptomenkomplexe beschrieben werden.

Auch in der systemischen Aufstellungsarbeit zeigen sich immer wieder Kriegsthemen aus dem zweiten oder auch ersten Weltkrieg, die jetzt erst, zwei oder drei Generationen später, an die Oberfläche kommen. Und parallel dazu erleben wir diese Auseinandersetzung auch im öffentlichen Diskurs auf einer neuen, differenzierteren Ebene.

Das alles bedeutet, dass wir nicht nur körperlich, sondern auch geistig und seelisch zu einem gewichtigen Teil das Produkt unserer Eltern und damit unserer Ahnen sind. In Zeiten, in denen sich die Gesellschaft über Jahrhunderte kaum veränderte, war das eine hilfreiche Einrichtung. Wenn die Kinder in ihrem Umfeld vor den gleichen Anforderungen stehen, wie die Eltern zu ihrer Zeit, dann können sie von den Erfahrungen ihrer Eltern sehr profitieren.

In einem Zeitalter, in dem sich die Lebensumstände ständig verändern, werden die alten Programme in uns zunehmend zum Problem. Auch die Art der Konflikte zwischen den Menschen nehmen zu, da sich Wissen und Entwicklung in immer mehr Verästelungen aufspalten. Den neuesten Stand dieser unüberschaubaren Komplexität unserer modernen Welt können Sie täglich in den Zeitungen mit verfolgen.

Der wesentlichste Aspekt unserer menschlichen Prägung und damit unseres Strebens und Sehnens ist jedoch erst einmal die emotionelle Geborgenheit. Diese gründet wie gesagt auf der unbewussten Erfahrung im Mutterleib und setzt sich fort oder wird erschüttert durch die Geburt und die Erfahrungen als Kleinkind. Nach dieser Geborgenheit sehnen wir uns in späteren Jahren immer wieder zurück. Ob bewusst oder unbewusst, diese Erfahrung der Einheit, des aufgehoben seins, zieht oder treibt uns das ganze Leben hindurch. Das Glück, das wir in unserem Leben verwirklichen wollen, geht im Grunde auf diese Erfahrung zurück. Alles was wir in unserem Leben unternehmen oder auch lassen, dient letztlich dazu, einem solchen Zustand wieder nahe zu kommen.

Da wir jedoch die Einheit auf körperlicher Ebene nicht mehr herstellen können, haben wir damit begonnen, das Glück im Außen zu suchen. Sei es in der Liebe, der Karriere, in Drogen, Macht oder der Erfüllung in den eigenen Kindern, die es dann aushalten müssen. Unterhaltung, Arbeit, Sex, Sport, Kunst und Konsum; alles soll und muss dazu dienen, mich diesem Einheitserlebnis wieder näher zu bringen. Letztlich schaffen es jedoch all diese Unternehmungen nur, uns von unserem inneren Trennungsschmerz abzulenken. Das Glück, das sie versprechen ist meistens sehr flüchtig.

Übung 8

Nehmen Sie sich wieder einen Augenblick Zeit und sinnieren Sie über Ihre emotionelle Prägung. Was treibt Sie in ihrem Leben? Was ist Ihnen wichtig, für was kämpfen Sie? Und was davon reicht bis in Ihre Kindheit zurück? Was verschafft Ihnen Glück und als wie haltbar erweist sich dieses Glück?

Das innere Kind

Diesen ganzen Rucksack, den wir aus unserer frühen Vergangenheit mit uns herumschleppen, wird in der neueren Psychologie als das innere Kind bezeichnet. Dabei wird meist zwischen dem verletzten und dem freien oder befreiten inneren Kind unterschieden.

Sehen wir uns zuerst die problematische Seite an: Das verletzte innere Kind, auch bezeichnet als Kinderschmerzmuster. Sie stehen für die ganzen schmerzhaften Erfahrungen, die wir in der Kindheit und auch Jugend gemacht haben. Also alles, was unserem Paradies entgegensteht. Diese Erfahrungen prägen nicht nur unsere Anschauungen von heute, sondern sie sitzen oftmals so tief, dass sie ein adäquates Handeln in der Gegenwart verhindern.

Wie schon erwähnt, ist unsere Kinderstube unsere Welt, in und an der wir lernen, mit der großen Welt zu Recht zu kommen. Die ganze Entwicklung besteht im Grunde aus Erfahrung und Anpassung. Die Erfahrung ist die Information von außen, die Anpassung ist unsere Reaktion darauf. Und hier zeigt sich schon, dass wir nicht nur eine jungfräuliche Festplatte sind, auf der Programme niedergeschrieben werden, sondern irgendetwas in uns reagiert. Irgendetwas entscheidet, ob die Information zuträglich ist, oder nicht. Wenn sie zuträglich ist, dann öffne ich mich dem Außen, wenn sie nicht oder nur schlecht zu mir passt, dann verschließe ich mich dem Außen. Wenn ich mich nicht entsprechend verschließen kann, weil das Außen mächtiger ist als ich, dann habe ich ein Problem. Dann überwältigt die Erfahrung meine Integrationsfähigkeit und damit meine Integrität.

Für diese Situation gibt es in der Natur das entsprechende Notfallprogramm. Tiere fallen in die Schockstarre, wenn ihr Leben bedroht wird. Dadurch soll dem Angreifer vermittelt werden, dass die mögliche Beute schon tot und somit uninteressant sei. Dieser Mechanismus erlaubt es dem schwächeren Tier vor dem mächtigeren davon zu kommen und nicht gefressen zu werden.

Ähnliches passiert bei uns Menschen. Allerdings hinterlässt das Erlebnis bei uns oft eine bleibende Wirkung: Wir meiden, oft unbewusst, ähnliche Situationen und ziehen uns somit zurück, oder fallen bei ähnlichen Situationen wieder in eine ähnliche Schockstarre.

Konkretes Beispiel: Wenn ich als Kind von einem Mann missbraucht worden bin, dann versuche ich vielleicht Männer zu meiden und wenn das nicht möglich ist, friere ich gegenüber einem Mann förmlich ein. Ich bringe kein Wort mehr heraus, mein

Puls rast oder ich fange an zu zittern und der kalte Schweiß tritt mir auf die Stirn. Damit kann ich kein normales Leben mehr führen. Die Erfahrung aus der Vergangenheit hat mich im Griff.

Das ist ein Extremfall und wir sprechen hier von einer traumatischen Erfahrung, die der besonderen Behandlung bedarf. Aber auch alle Erfahrungen unterhalb dieser lebensbedrohlichen Grenze werden von uns mit der uns entsprechenden Anpassungsleistung beantwortet und hinterlassen Eindrücke in unserem Unterbewusstsein, die das nächste Mal wieder als Referenz dienen.

So entsteht im Laufe unserer Entwicklung eine ganze Sammlung an schmerzhaften Erlebnissen, die in ihrer Gesamtheit unseren Pfad abstecken. Wenn wir wieder von der Landkarte sprechen wollen, dann zeichnen wir über die Jahre eine Karte mit ganz vielen Verbotsschildern, die unsere Bewegungsfreiheit ziemlich einschränken.

Das sind dann unsere Überzeugungen und Glaubensmuster, im Gesamten unsere Identität. Und da uns diese ganzen Zusammenhänge nicht mehr bewusst sind, glauben wir, dass dies die Realität sei. So ist die Welt, was uns auch immer wieder bestätigt wird, da wir uns auf neue Erkenntnisse wegen der Verbotsschilder kaum mehr einlassen.

Übung 9

Versuchen Sie, Ihren schmerzhaften Kindheitserfahrungen nachzuspüren. Eventuell schiebt sich das eine oder andere Erlebnis in den Vordergrund. Das muss aber nicht sein. Versuchen Sie einfach wahrzunehmen, was diese gesammelten schmerzlichen Erfahrungen in Ihnen hinterlassen haben. Wie schwer fühlt sich das heute noch an? Gibt es da so eine latente Traurigkeit, die Ihr Leben durchzieht? Oder eine latente Aggression, die vielleicht auch öfter ausbricht. Oder haben Sie vielleicht entschieden, davon nichts mehr hören und sehen zu wollen? Wie unbeschwert fühlt sich Ihr Leben an? Oder empfinden Sie es eher als mühsam?

Unsere Automatismen

Unsere Handlungsmuster, die wir als Kinder entwickeln, sind also so gut eintrainiert, dass wir sie in entsprechenden Situationen sofort zur Verfügung haben. Aber wir machen das nicht bewusst, sondern wir rutschen automatisch hinein. Und es ist uns auch lange nicht klar, dass dies ein Automatismus aus der Kindheit ist. Wir haben eher das Gefühl, dass die Person, die den Automatismus auslöst, uns schlecht behandelt hat und wir uns dagegen wehren wollen/müssen/sollten.

Im Laufe unserer Entwicklung haben wir einen kompletten Werkzeugkoffer für jede Situation zusammengestellt; und sogar für unerwartete Situationen haben wir für gewöhnlich unser eingefahrenes Repertoire, wie wir uns darin bewegen.

Sobald eine entsprechende Situation auftaucht, und die gibt es täglich unzählige, läuft das dazu passende Handlungsmuster aus der Vergangenheit ab. Das heißt, unser inneres Erleben ist das des Kindes, das wir einmal waren. Die Impulse der Gegenwart katapultieren uns immer wieder in die Vergangenheit.

Wir wechseln also ständig vom Erwachsenen in unterschiedliche Aspekte des Kindes, das wir einmal waren, als sich die entsprechende Situation in uns eingebrannt hat. Das können sowohl schmerzhafte als auch glückliche Aspekte sein.

In manchen Bereichen konnten wir sehr gut im Laufe unserer Entwicklung erwachsene Verhaltensweisen entwickeln, also wir reagieren einfach der Situation im Hier und Jetzt entsprechend. Aber insbesondere Situationen, die uns als Kind überforderten, die mit Angst und Schmerz verbunden waren, haben sich mit dem entsprechenden Handlungsmuster, welches wir damals entwickelten, verankert. Und durch das Vermeiden ähnlicher Situationen nehmen wir uns auch noch die Möglichkeit, neue Erfahrungen damit zu machen. So entwickelt sich in uns ein blinder Fleck. Und diese blinden Flecke haben dazu noch den Nachteil, dass sie sich immer weiter ausbreiten. Der Extremfall wären Angst- und Zwangsneurosen, durch die der Betreffende kaum noch am normalen Leben teilnehmen kann.

Es geht hierbei sehr oft um Verlassenheitsängste, letztlich Überlebensängste, die wir als Kleinkind erfahren haben. Vielleicht schon das erste Mal während der Geburt, als wir von dem paradiesischen Zustand im Mutterbauch durch den engen Kanal in eine gänzlich andere Welt katapultiert wurden, in der wir vielleicht auch noch an Atemnot litten. Im

Laufe der Jahre docken dann, wie gesagt, viele andere frustrierende oder beängstigende Erlebnisse an diese Primärerfahrung an.

Vor allem in Partnerschaften, in denen wir ja in erster Linie emotionelle Geborgenheit suchen, tauchen wir erst einmal ständig in irgendwelche kindlichen Verhaltensweisen. Das ist gar nicht zu verhindern, solange wir nicht unsere schmerzhaften Erfahrungen aus der Kindheit verarbeitet haben. Unbewusst erwarten wir ständig, dass unser Partner für unser emotionelles Wohl zuständig ist. Und am Anfang einer Beziehung werden die meisten diese Bedürfnisse zu erfüllen versuchen, da sie den anderen ja nicht enttäuschen möchten. Dadurch geben wir dem Anderen ja auch das Gefühl, der oder die Richtige zu sein. Aber das ist eigentlich nicht die Aufgabe des Partners oder der Partnerin und damit sind sie auch bald überfordert. Zumal wenn beide vom Anderen die Erfüllung ihrer kindlichen Bedürfnisse erwarten. Da kommen dann schnell Enttäuschungen und Vorhaltungen wie: „Du bist überhaupt nicht für mich da. Du siehst mich gar nicht. Du könntest doch mal… "

Durch die zunehmende emotionale Öffnung in einer Partnerschaft zeigen sich unsere Kindheitsmuster immer deutlicher und vermischen sich dann mit denen des Partners. Die ganzen Verletzungen, die wir in einer Partnerschaft empfinden, sind im Grunde die Erfahrungen des kleinen Kindes, das wir einmal waren als unsere Mutter nicht unseren Wünschen nachgekommen ist. Diese Erwartungen projizieren wir jetzt auf unseren Partner und erleben dadurch wieder ähnliche Enttäuschungen. Konflikte sind dadurch natürlich unausweichlich und bald schon fragen wir uns, ob wir uns nicht doch in dem Menschen, den wir zu lieben glaubten, getäuscht haben. Aber im Grunde sind wir immer noch auf der Suche nach der Mama, die uns uneingeschränkt und bedingungslos liebt. Das kann aber Partnerschaft nicht leisten!

Im Folgenden wollen wir uns einmal ein paar typische Automatismen ansehen. Möglicherweise werden sie Ihnen sogar bekannt vorkommen.

Altersregression

Angestoßen durch eine Situation in der Gegenwart (z.B. mein Partner schaut mich an wie mein Vater) wird bei mir ein ganzes Programm aus der Vergangenheit abgerufen. Es handelt sich dabei um eine Erfahrung in der Kindheit, bei der ich überfordert war. Die Szene wird im Unterbewusstsein gespeichert und immer, wenn eine ähnliche Situation oder auch nur Teile davon auftreten, kommt dieses gespeicherte Bild mit all seinen Gefühlen hervor. In dem Moment werde ich emotionell zu dem kleinen Kind von damals und stecke genauso in der Handlungsunfähigkeit fest wie damals. Altersregression ist der am weitesten verbreitete Automatismus und hängt auch meist mit den folgenden Automatismen zusammen.

Immer wenn ich von Emotionen so geflutet werde, dass es mich überwältigt, tauche ich in einen Aspekt des kleinen Kindes. Zorn, Wut, Hass, beleidigt sein, Angst sind typische Emotionen des kleinen Kindes. Wenn jemand darin gefangen ist, dann ist auch keine Klärung oder Einigung mehr möglich. Dabei fährt der Selbstschutz alle Geschütze auf, um als Sieger aus dem Gefecht hervor zu gehen. Oder einfach um zu überleben. Sehr beliebt in Partnerschaften.

Flucht in die Zukunft

Ich bin mit meiner momentanen Lage unzufrieden und träume vom Paradies: Vom Seelen-Partner der mich endlich versteht, von einem neuen Job mit besseren Kollegen, vom Urlaub auf den Malediven etc. Damit verbunden ist immer die stille Hoffnung, dass es dann besser wird. Dieser Automatismus durchzieht unsere ganze Kultur des immer höher, immer weiter, immer schneller, immer besser. Ja es scheint, dass wir uns inzwischen vollkommen über das Erreichen von Zielen definieren. Das wird auch ständig in allen möglichen Persönlichkeitskursen gepredigt. Ziele sind natürlich wichtig. Aber die Frage ist, wo mich die Ziele hinbringen. Wer oder was mir die Ziele suggeriert. Inzwischen hat sich dieses Spiel verselbständigt. Das hat zwei Vorteile: Die Menschen sind beschäftigt bzw. abgelenkt und die Wirtschaft kann damit Wachstum generieren. Das ist der Antrieb unserer Wachstumsgesellschaft. Und der funktioniert eben deshalb so perfekt, weil wir uns ständig suggerieren, dass wir über den Erfolg endlich Anerkennung, Glück, Bewunderung, Selbstbewusstsein und was sonst noch alles erlangen. Sie brauchen sich nur die Bilder der Werbung anzuschauen, dann erhalten Sie die ganze Palette an Versprechungen.

Rechtfertigen

Ein anderer Aspekt zum Thema Zukunft ist das ständige Planen von Rechtfertigungen für die eigenen Handlungen. Dabei gehe ich davon aus, dass irgendwann jemand kommt und mir vorhält, dass ich mich falsch verhalten hätte. Deswegen spiele ich im Geist Rechtfertigungen durch, um meine Position abzusichern. Das ist eine typische Erfahrung des

Kindes, das z.B. ganz versunken in das eigene Tun die Zeit vergisst, zu spät nach Hause kommt und vielleicht auch noch die Hose ruiniert hat. Die Begeisterung über die Sandschlacht wird von der Mutter mit Ärger beantwortet. Dazu erleben wir in unserer kindlichen Entwicklung unzählige Episoden. Die gemeinsame Botschaft ist: Wenn ich das tue, was mir Freude bereitet, dann bekomme ich Probleme. Das ist die beste Vorbereitung auf späteres Funktionieren. Eine Grundlage dafür, dass ich Jahrzehntelang Bedingungen akzeptiere, die mir die ganze Energie rauben. Sei es im Beruf oder in der Partnerschaft. Ich traue mich nicht meine Energie zu leben.

Ausklinken

Das Abtrennen von unangenehmen Situationen. Wenn ich etwas nicht sehen oder hören will, weil ich die Situation nicht aushalte. Ich weigere mich, mich auf das einzulassen, was gerade ist. Das sind Verhaltensweisen, die die meisten von ihren Eltern oder Großeltern kennen, wenn sie sie nach den Erlebnissen im Krieg fragen. Oder allgemein, wenn in einer Situation ungewollte Emotionen hochkommen. Dann wird das Thema gewechselt, oder ein Spass dazu gemacht. Dadurch weiche ich aus und stelle mich nicht der Realität.

Das kann bis dahin gehen, dass ich mich in Gesellschaft fast unsichtbar mache. Ich bin zwar anwesend, aber laufe nur unauffällig mit. Nach dem Motto: Nur nicht auffallen, dann kann man nicht reinfallen. Das kann man oft bei Kindern beobachten, die sich in einer Situation sehr unwohl fühlen, aber eben auch bei körperlich erwachsenen Menschen, die aus dieser Angst bisher nicht herausgekommen sind.

Im Extremfall kann es sein, dass der eigene Körper nicht mehr spürbar ist oder auch in einem Nebel verschwindet. Vor allem Menschen, die sexuell missbraucht worden sind, brauchen oft lange, bis sie ihren Körper wieder annehmen können. Schamgefühle und Selbstwertprobleme sind damit verbunden. Die Notfallprogramme, die mit solchen traumatischen Erfahrungen verbunden sind, sind sehr tief verankert.

Es muss sich jedoch nicht um solch tiefgreifende Erfahrungen handeln. Wir sind im Alltag ständig damit beschäftigt, vor Situationen zu fliehen, die uns unangenehm sind. Das machen wir meist über Kommunikation: Geschichten erzählen, der neueste Klatsch über die Kollegin, das letzte Fußballspiel, das aktuelle Entführungsdrama. Also der ganze Smalltalk, den wir ständig führen, dient in erster Linie dazu, dass wir nichts von uns persönlich preisgeben müssen. Da kann stundenlang über die

Dinge geredet werden, die irgendwo in der Welt passieren, aber wie es meinem Gegenüber geht erfahre ich nicht. Das kann ich vielleicht spüren und merke dabei, wie er seine Probleme über sein ständiges Geschichten erzählen verdrängt.

Auch dieser Mechanismus hat sich in unserer Spaßgesellschaft wie ein Krebsgeschwür ausgebreitet. Wer gut drauf ist, gehört einfach dazu, der hat´s gecheckt, ist beliebt und erfolgreich. Die Fassade wird in unserer Hochglanz- und Karrierewelt immer wichtiger. Und wenn Sie nicht gerade eine Praxis für Psychotherapie betreiben, und dadurch ständig erleben, wie alle unter diesem Druck leiden, haben Sie vielleicht das Gefühl, dass es die meisten anderen geschafft haben, nur Sie selbst fühlen sich dabei nicht wohl. Und so müssen Sie einfach noch mehr dran bleiben, noch mehr arbeiten, noch mehr Fitness und noch schöner ausschauen, damit Sie endlich auch dazu gehören.

Eine der größten Betätigungsfelder für das Ausklinken ist unser Arbeitsumfeld: Sie beginnen vielleicht einen neuen, vielversprechenden Job mit viel Engagement und Zuversicht. Allmählich lernen Sie, wie die Gesetze in ihrem Kollegium funktionieren. Da geraten Sie ständig in Konkurrenz mit Kollege A, haben das Gefühl, dass Kollegin B auf Kosten der anderen eine ziemlich ruhige Kugel schiebt, dass der

Kollege C gern den Chef spielt, obwohl ihm das nicht zusteht und dass Kollegin D auf ihre Kompetenz neidisch ist usw. Je nach Ihrer Position und/oder Hartnäckigkeit fangen Sie dann vielleicht das Kämpfen an oder, wenn das auch nichts erbringt, fangen Sie an sich auszuklinken. Nach dem Motto: Wenn mein Engagement nicht erwünscht ist, kann ich auch anders. Also Job nach Vorschrift. Das macht uns natürlich äußerst unzufrieden bis deprimiert/depressiv. Die langfristigen Folgen sind alle möglichen chronischen Erkrankungen, denn letztlich gehen diese Energieblockaden in den Körper. Der Arzt findet meistens nichts und stuft ihre Beschwerden irgendwann als psychosomatisch ein. Dafür gibt es dann alle möglichen Medikamente.

Das Ausklinken ist nicht mit der Reflexion über eine Situation zu verwechseln: Dabei nehme ich eine Metaposition ein und bin damit nicht mehr mit dem Geschehen verhaftet. Das Ausklinken ist eine Flucht aus der Situation, das Reflektieren stellt sich der Situation, jedoch nochmal aus einer anderen Perspektive.

Noch leichter kann das Ausklinken mit positivem Denken verwechselt werden. Das geht dann wieder in Richtung des oben schon erwähnten „gut-draufsein"-Spiels. Ich spiele den Strahlemann und erwecke dadurch den Anschein, dass ich über den Misslichkeiten des Alltags drüber stehe. Gleichzeitig entziehe ich mich jedoch jeglicher Auseinandersetzung. Es ist eine weitere Rolle des kleinen Kindes, um anerkannt und geliebt zu werden. Ich lebe in einer Rolle, die ich mir aus den Vorbildern der Gesellschaft zusammengesucht habe.

Das Ausklinken ist ein sehr subtiler Mechanismus, der uns ständig begegnet. Natürlich muss ich nicht auf alles und jedes reagieren, was mir begegnet. Im Gegenteil, erst wenn ich es schaffe bei mir und präsent zu bleiben, kann ich bewusst mit Situationen umgehen. Wenn ich mich dabei aber unwohl fühle und versuche zu entkommen, dann stecke ich im Kind fest.

Illusionen

Die Ergänzung zum Ausklinken. Das, was real ist, wird ignoriert oder uminterpretiert. Ich stelle mir das vor, was ich gerne hätte oder für richtig finde und setze das anstatt. Wieder das sehr beliebte Spiel in unserer Gesellschaft: Die perfekte Fassade nach außen, die Realität schaut anders aus.

Viele unserer Ziele und Wünsche, gerade als junger Mensch, sind eher Illusionen als konkrete Wegsteine, da wir die Realität zu wenig oder gar nicht einbeziehen. Eine typische Eigenschaft von Illusionen ist, dass ich die Realität nicht anschaue, sondern einfach nur weg, wo anders hin will, wo alles besser wird. Als Erwachsener habe ich auch Ziele, die ich erreichen möchte. Aber da kläre ich meine Ausgangsbasis, definiere mein Ziel und entwickle eine Strategie oder einen Weg, um an mein Ziel zu kommen. Eine Illusion ist eine kindliche Vorstellung davon, wie es besser wäre, ohne sich über den Weg dorthin Gedanken zu machen. Kinder warten auf das Paradies, Erwachsene machen den nächsten Schritt in der Gegenwart.

Noch ein Satz zum positiven Denken: Ich verstehe unter positivem Denken das Ausrichten meines Geistes auf Denkinhalte, die mich meiner Essenz näher bringen. Das beinhaltet vor allem das Beobachten und Beenden meiner alten Denkmuster aus der Vergangenheit, die sich immer wieder in den gleichen Kreisen drehen. Das ist auch die Voraussetzung dafür, dass ich mich dem Hier und Jetzt stellen kann, und nicht immer die alten Erfahrungen auf die Gegenwart projiziere.

Das meiste was unter diesem Etikett des positiven Denkens praktiziert wird, ist meines Erachtens doch eher dem Thema Illusion oder Spiritualisieren zuzuordnen.

Der innere Dialog

Beim inneren Dialog oder Selbstgesprächen werden die Stimmen der Eltern (oder Lehrer) im Kopf platziert: „Du solltest jetzt aber… Hättest du, dann… Wie kannst du nur…" Möglicherweise hören wir sogar die Stimme von dem, der diese Dialoge mit uns geführt hat. Meistens nehmen wir das jedoch einfach als innere Stimme wahr, also das hin und her Diskutieren in unserem Geist. Der Unterschied zum Abwägen des Für und Wider einer Entscheidung ist, dass wir meist gar nicht mehr in die Handlung kommen. Oder wenn, dann scheitern wir sofort, oder geben bald auf, womit wir dann sicher den Satz hören: „Siehst du, habe ich doch gleich gesagt. Du kannst das einfach nicht." Kennen Sie diesen Satz? Zum Beispiel von Ihren Eltern oder Lehrern oder von wem auch immer. So etwas steckt sehr tief.

Obwohl der innere Dialog meist sehr anstrengend ist, hat er auch einen bedeutenden Vorteil. Ich kann mich dadurch aus der Gegenwart ausklinken. Hier zeigt sich schon, wie sich unsere Automatismen auch miteinander verzahnen. Solange ich ständig mit dem Für und Wider einer Entscheidung beschäftigt bin, brauche ich nicht zu handeln. Dadurch kann ich auch nichts falsch machen und mir keinen Ärger aufhalsen. Aber ich bin eben nur im „Kopf".

Eine andere Art dieser Gehirnakrobatik ist das Theoretisieren. Dies allerdings unter Zuhilfenahme des Sprechwerkzeugs (zum Leidwesen vieler Mitmenschen). Ein sehr beliebtes Männerspiel: Sich stundenlang über irgendwelche technischen Details zu unterhalten unter Ausschluss jeglichen emotionellen Kontakts. Der Rest des Körpers scheint wirklich nur da zu sein, um den Kopf oben zu halten. Das weibliche Pendant dazu ist das Getratsche über alles und jeden. Auch hier erfahren Sie praktisch nichts über die anwesenden Akteure.

Amnesie

Situationen, die nicht integrierbar sind, zu schmerzhaft, werden einfach ausgelöscht oder vergessen. Das Unerklärbare wird ignoriert.

Das kann zwar manchmal ganz hilfreich sein in fruchtlosen Teamsitzungen, bei denen jeder von etwas anderem redet, aber hier ist doch etwas anderes gemeint: Schmerzhafte Situationen, die nicht integrierbar sind. Also ein traumatisches Geschehen wird von unserem Unterbewusstsein abgespalten, damit wir unseren Alltag fortführen können. Das mag erst einmal notwendig sein, um das „rettende Ufer" zu erreichen. Später hält uns diese Abspaltung jedoch unbewusst in diesem Erleben fest und wir verstehen gar nicht, warum wir in dieser oder jener Situation immer Todesängste ausstehen.

Auch hier sind es allerdings meistens die leichteren, nichtklinischen Varianten, die uns in unserem Leben ständig begegnen. Das Vergessen ist ja im Grunde in allen Automatismen integriert. Wir reagieren einfach ohne uns jedes Mal daran zu erinnern, wann wir die Lektion gelernt haben. Wie schon weiter oben erwähnt, hat das große Vorteile für den Alltag. Der große, nicht zu unterschätzende, Nachteil ist, dass wir dadurch so mit unseren Verhaltensweisen identifiziert sind, dass wir glauben: So bin ich nun mal. Das ist das größte Problem an den Kinderschmerzmustern: Es ist uns nicht bewusst, dass dies angelernte Verhaltensweisen sind, die uns im Wege stehen. Wenn wir da hinein fallen, haben wir eher das Gefühl, dass wir in der entsprechenden Situation zu uns stehen und für uns und unsere Rechte einstehen. In Wirklichkeit fallen wir in das trotzige Kind und verweigern uns. Das beste Anzeichen dafür ist, wenn in mir eine heftige Emotion hochsteigt und ich aus dieser Emotion heraus reagiere. Also im Affekt. Das ergibt Streit. Wenn Sie diesen Impuls nicht kontrollieren können, dann haben Sie hier einen Automatismus. Wir sagen dann vielleicht, dass es sich eben um einen impulsiven Menschen handelt.

Spiritualisieren

Spiritualisieren wird in unserer Gesellschaft immer mehr zur Lieblingsbeschäftigung. Basierend auf den Erfahrungen des frühen Kindes können sich Größenwahn und Selbstüberschätzung entwickeln: Wenn ich schreie, kommen alle gelaufen. Wenn ich lache, freuen sich alle. Ich habe sie in der Hand. Daraus entwickelt sich die spätere Vorstellung, dass Gedanken Wirklichkeit erschaffen. Wenn es nicht so kommt, wie ich will, muss ich fester daran denken. Das Magische Denken! Vergleichbar mit den Illusionen.

Ein weiterer Aspekt ist die Idealisierung: Das gründet auf die Kleinkind-Erfahrungen mit den Eltern. Die Eltern wissen alles, mein Überleben hängt davon ab. In dieser Erfahrung leben wir als Kinder natürlich über Jahre hinweg mehr oder weniger. Als Erwachsene bleiben wir dann ständig auf der Suche nach dem Glück, dem Heil, dem Himmel oder der Befreiung im Außen. Dies ist ein schon sehr früh verankerter Mechanismus, im Anderen die Liebe, das Glück oder die Erleuchtung zu suchen, statt in sich selbst. Unsere Konsum- und Wachstumsgesellschaft baut darauf, und auch der immer größer werdende Esoterikmarkt. Es gibt praktisch nichts, was ich nicht durch irgendwelche spirituellen Denkkonstrukte erklären oder rechtfertigen könnte. Das meiste, was heute in diesem Zusammenhang stattfindet, sind Fluchtmechanismen des verletzten inneren Kindes. Die Gefahr ist einfach zu groß! Solange mir meine Verletzungen/Automatismen nicht bewusst sind, versuche ich immer nur davon weg zu laufen. Das Kennzeichen ist auch hier, dass ich das Glück oder die Erleuchtung immer im Außen suche. So entsteht jede Woche eine neue Yogarichtung, eine neue Heilmethode, eine neue vielversprechende Meditationsmethode usw. Die einschlägigen Medien sind inzwischen voll davon. Nicht zu vergessen die ganzen wichtigen Accessoires, die einem dann auf jeden Fall die Zugehörigkeit zur entsprechenden Szene sichern. Das wäre sogar noch ein weiterer Automatismus: Das ständige Projizieren des Heils oder Glücks auf das Außen. Aber Sie merken schon: Auch dieser Mechanismus scheint sich mit allen anderen zu verzahnen. Zu diesem Thema dann mehr im Yoga-Teil.

Übung 10

Nehmen Sie sich 2-3 Minuten Zeit und reflektieren Sie nochmals über diese Automatismen. Was kommt Ihnen bekannt vor? Wo finden Sie sich am meisten? Welche Emotionen sind damit verbunden? Wie fühlen Sie sich jetzt nach dieser Übung?

Meist haben wir in unserer Kindheit immer wieder die gleichen oder ähnliche Situationen erlebt, die unser Bild von der Wirklichkeit fixierten. Die entsprechenden Handlungsmuster sind deswegen nicht lediglich normale Gewohnheiten, sondern so tief in unserem Unterbewusstsein verankert, dass wir sie eben als unsere Identität wahrnehmen. Die Lösung, die wir als Kind entwickelten, um Mutter und Vater bzw. unser Umfeld zu bewältigen, projizieren wir jetzt auf den Rest der Welt. Dabei projizieren wir die Vergangenheit auf die Gegenwart um die Welt in ein erklärbares Schema zu pressen und erschaffen uns dadurch die Zukunft aus der Erinnerung an die Vergangenheit.

Diese Automatismen treten im Alltag ständig auf. Im Bruchteil einer Sekunde fallen wir da hinein. Und dann sind wir das verletzte Kind von damals und es ist uns meist gar nicht bewusst. Nochmal: Es ist sogar eher der Normalfall, dass wir in diesen Situationen noch nie eine erwachsene Verhaltensweise entwickelt haben. Wir haben dann einfach das Gefühl: „So bin ich nun mal. So war ich schon immer. Die Welt ist einfach ungerecht." Und dabei sitzen wir nur nach wie vor in unserem Kinderschmerzmuster fest. Das bezieht sich im Grunde auf alle Verhaltensweisen, die ich schon „sehr lange" an mir kenne. Wir nehmen das als unsere Persönlichkeit wahr. Nicht immer führt das sofort zu Problemen.

Das gemeinsame Kennzeichen all dieser kindlichen Verhaltensweisen ist, dass sie uns binden. Sie binden uns an diese Zeit und das Verhalten, als die Erfahrung verankert wurde. Deshalb fühlen wir uns unfrei in unserem Leben.

Was aber auch all diesen Automatismen gemein ist, ist die Tatsache, dass sie allesamt kreative Lösungsmöglichkeiten unseres damaligen Organismus darstellen, mit der Umwelt zu Recht zu kommen! Damals war es vielleicht die beste und einzige Möglichkeit, als Kind zu überleben. Heute als Erwachsener haben wir jedoch mehr Möglichkeiten und wir sollten die nötige Freiheit haben, um die jeweils passendste zu wählen. Vor allem auch deswegen, weil wir heute als Erwachsener an anderen Kindern sehen, dass die meisten Situationen, bei denen für Kinder eine Welt zusammen bricht, für uns völlig lapidar sind. Wohlgemerkt: Aus der Sicht des Kindes war es in diesem Moment vielleicht schlimm, wenn es z. B. nicht den Joghurt mit dem Löffel durch die Küche schleudern durfte. Aber wenn wir als Erwachsener an der Enttäuschung darüber kleben, dass unsere Eltern dies immer wieder unterbunden haben, dann werden wir durch Erlebnisse manipuliert, die unserer Sicht als Erwachsener einfach nicht mehr entsprechen.

Trotzdem, und das ist die andere Seite, haben Sie gerade durch diese Situationen, die immer wieder in Ihrer Kindheit auftauchten (z.B. ständiger Streit zwischen den Eltern), sehr feine Antennen entwickelt. Wenn Ihnen etwas Ähnliches jetzt als Erwachsener begegnet, dann „riechen" Sie das für gewöhnlich schon aus der Entfernung. Diese Antennen haben Sie jahrelang entwickelt und sie stehen in dieser besonderen Form auch nur Ihnen zur Verfügung. Die Frage ist, was Sie daraus machen. Gehen Sie nach wie vor in den Rückzug wie das kleine Kind, oder erkennen Sie den Wert dieses „Diagnoseinstruments" und nutzen es für Ihre Arbeit oder was auch immer. Voraussetzung dafür ist allerdings, dass ich nicht mehr automatisch in das kleine Kind falle, das ich einmal war.

Das Gewissen

Damit wir die Intensität dieser Automatismen richtig einschätzen, sollten wir uns mit einem weiteren Punkt beschäftigen: Das Gewissen.

Bert Hellinger hat durch seine Arbeit deutlich gemacht, wie fundamental das persönliche Gewissen für unser Verhalten ist.

Als Kinder sind wir auf Gedeih und Verderb von unseren Eltern abhängig, deswegen werden wir alles unternehmen, um von ihnen anerkannt, geliebt und beschützt zu werden. Das geht so weit, dass Kinder lieber ihr eigenes Leben opfern, wenn sie damit ihre Eltern retten können. Daher die immer wieder sichtbaren Verstrickungen, wenn die Eltern an einem schweren Schicksal tragen und deswegen nicht für die Kinder zur Verfügung stehen. Die Kinder versuchen dann, das Leid den Eltern abzunehmen, da sie glauben, dass somit die Eltern frei wären, ihnen ihre ganze Liebe zu geben. In der Aufstellungsarbeit zeigen sich ständig diese Zusammenhänge zwischen Kinder und Eltern.

Wenn wir in unsere Kindheitsmuster fallen, dann fallen wir damit auch wieder in dieses magische Denken der Kleinkinder: Wenn ich nur recht artig bin, dann wird schon alles gut gehen. Das war vielleicht lange Jahre unsere Erfahrung: Wenn wir brav und angepasst sind, dann werden wir geliebt. Wenn wir unseren eigenen Kopf durchsetzen, dann gibt es Ärger. Daraus entsteht der Glaubenssatz: Die großen (jetzt Regierung, Kirche, der Rechtsstaat, das Sozialamt) werden sich schon um mich kümmern.

Das ist auch gleichzeitig der verdeckte Gewinn an unseren Kindheitsmustern: Wir sind dann nicht mehr verantwortlich. Zumindest bilden wir uns das ein und tauchen dabei in das wohlige Gefühl des Aufgehoben seins. Die Eltern werden es schon richten. Wir sind in der Passivität und warten darauf, dass alles gut oder besser wird.

Diese reflexartige Kraft des persönlichen Gewissens, die uns mit aller Macht an die Familie bindet, ist dafür verantwortlich, dass wir uns so schwer damit tun, unser bekanntes Terrain zu verlassen. Weil wir Angst haben, dadurch verlassen zu werden. Denken Sie an die typische Situation am Spielplatz: Die Mutter möchte nach Hause, aber der kleine Junge noch nicht. Nach längerem Hin und Her teilt die Mutter mit, dass sie dann eben ohne ihn geht und macht auch Anstalten dies zu tun. Das ist schlimm für das Kind (und den späteren Erwachsenen), weil es dadurch lernt, dass es verlassen wird, wenn es seinem inneren Impuls folgt. Das wird sicherlich nicht durch dieses eine Erlebnis passieren, aber wir machen als Kind zu diesem Thema viele Erfahrungen mit allen möglichen Leuten aus unserem Umfeld. Hier geht es um Machtausübung.

In jeder Gruppierung gibt es ein entsprechendes Gewissen. Und jedes Mitglied weiß intuitiv, wie es sich verhalten muss, um dazu zu gehören. Das ist in der Familie so, das ist unter den Arbeitskollegen so, im Verein, der Partei, der Kirche und am Stammtisch.

Übung 11

Lehnen Sie sich bitte zurück und denken Sie über ein paar Gruppen nach, zu denen Sie dazu gehören. Was sind die jeweiligen Gruppengesetze? Mit was kommen Sie an und mit welchen Äußerungen wird es schwierig? Überlegen Sie auch einmal, wie es wäre, wenn Sie sich in Ihrer Arbeit so wie im Verein verhalten würden, oder im Verein so wie in der Familie etc. Spüren Sie, was sich da in Ihnen regt.

Wenn Sie die Regeln einhalten, dann gehören Sie dazu, wenn Sie gegen die Regeln verstoßen oder opponieren, gehören Sie bald nicht mehr dazu. Das riskieren Sie nur, wenn Sie auch unabhängig von der jeweiligen Gruppe existieren können. Ansonsten werden Sie Ihre Gefolgschaft nicht in Frage stellen.

Das bedeutet auch, dass die jeweils schwächsten Mitglieder einer Gruppe die loyalsten sind, weil sie vom Fortbestand der Gruppe abhängen. Das können Sie auch in allen Institutionen beobachten: Die Bindung und damit die Loyalität an die Gruppe und deren Gesetze nimmt mit der Höhe der Position ab.

Diese Gesetzmäßigkeiten gelten für Erwachsene ähnlich wie für Kinder. Es gibt einmal das Umfeld, die Gesellschaft mit all ihren Normen, Gesetzen und Eigenheiten, und es gibt zum anderen Ihren eigenen Antrieb, Ihre Bedürfnisse und Notwendigkeiten, die oft genug dem Außen gegenüber stehen. Wenn Sie jedoch nicht gerade Einödbauer sind, dann ist die Gesellschaft ihre Lebensgrundlage, auf die Sie nicht verzichten können und von deren Regeln Sie in gewisser Weise abhängen. Das macht die Sache nicht einfacher. Und diese Regeln sind nach wie vor in großen Bereichen nicht dazu geeignet, Eigenverantwortlichkeit zu fördern. So wird Ihnen z.B. vorgeschrieben, wie viel Geld Sie in eine Krankenversicherung einzuzahlen haben, die Ihnen wiederum vorgibt, welche Leistungen Sie dann erhalten können. Das fördert natürlich das Delegieren der Gesundheit an das Gesundheitssystem. Also wieder der Automatismus, die oben werden es schon richten. Selbstständigkeit sieht anders aus.

Der nächste Schritt in unserer Entwicklung der durch die Biologie eingeleitet wird ist die Pubertät. Bei den Naturvölkern ist das der Zeitpunkt der Initiation zum Erwachsenen. Auch in unserer Kultur wurde das über Jahrhunderte so gehandhabt, da es auf Grund der Bedingungen gar keine andere Möglichkeit gab. Sobald die Nachkommen entsprechend entwickelt waren (oft auch schon vorher), mussten sie im elterlichen Umfeld mithelfen. Und so wuchsen die Kinder durch das Tun in die elterlichen oder erwachsenen Pflichten hinein. Das war learning by doing, eine andere Möglichkeit gab es meistens nicht. Das heißt aber auch, dass es kaum Möglichkeiten gab, der eigenen Gesellschaftsschicht zu entkommen.

Dass dies heute in den industrialisierten Ländern möglich ist, ist wohl eine der bemerkenswertesten Veränderungen der letzten 100 Jahre. In wieweit es in der Realität wirklich umgesetzt werden kann, ist zu bezweifeln, wenn man Untersuchungen liest, die aufzeigen, dass trotz aller Bemühungen immer noch die größten Schwierigkeiten bestehen, aus dem eigenen Bildungsumfeld herauszukommen. Meines Erachtens zeigt dies jedoch einfach nur, dass wir eine Jahrtausende lange Entwicklung nicht durch ein paar Veränderungen über zwei bis drei Generationen auslöschen können. Die Prägungen, auch über die Generationen hinweg, gehen viel tiefer, als wir es uns heute gerne zugestehen möchten. Trotzdem versuchen wir alles mögliche, um diese Grenzen immer durchlässiger zu machen. Auch diese Entscheidung ist ein Ergebnis unserer bisherigen Entwicklung. Allerdings wäre vielleicht eher Zurückhaltung dabei angebracht, anderen Kulturen, die wir oft noch nicht einmal richtig verstehen, geschweige denn entsprechend achten, diese unsere Lebensart überzustülpen. Wenn man das bisherige Ergebnis dazu betrachtet, kann man sich des Eindrucks kaum erwehren, dass unsere Interventionen über die Jahrhunderte in anderen Kulturen in erster Linie Probleme und Leid geschaffen haben.

In unserer Gesellschaft stehen wir also heute an einem Punkt, an dem wir die Bildung als unser größtes Potential betrachten. Und das mit Recht, denn Bildung erzeugt nicht nur materiellen Wohlstand, sondern ist auch die Voraussetzung dafür, dass wir uns irgendwann tatsächlich über die Gesetze des Dschungels erheben. Im Moment sind das wohl eher noch ehrenwerte Absichtserklärungen. Um Bildung zu ermöglichen, schaffen wir für die jeweils junge Generation den Freiraum, sich frei zu entwickeln. Nein, wir verpflichten die jungen Menschen dazu, die entsprechenden Bildungseinrichtungen zu besuchen, geben ihnen aber ansonsten mehr oder weniger die Möglichkeit, ihren eigenen Weg einzuschlagen. Das ist sehr mutig, da wir dadurch junge Menschen ohne Lebenserfahrung, und das bedeutet auch ohne Erfahrung über die komplexen Zusammenhänge der heutigen Welt, selbst entscheiden lassen, wo es hingehen soll.

Erst durch diese Schritte konnte sich in den modernen Gesellschaften eine eigene Entwicklungsstufe etablieren:

2. Die Jugend

Beginnend mit der Pubertät treten wir jetzt in eine wichtige Phase der Ablösung von unseren Eltern ein. Diese Ablösung ist erst dadurch möglich, dass es Alternativen zum Beruf der Eltern gibt. Der eigene Antrieb und, auch als Voraussetzung für die Ablösung, die geistige Entwicklung nehmen in der Pubertät zu.

Alles, was uns bisher unterstützt und das Überleben gesichert hat, wird nun immer mehr in Frage gestellt. Es geht in dieser Zeit darum, eigene Ziele zu verfolgen. Und je sicherer ich mir meiner Basis, die mich im Ernstfall wieder aufnimmt, sein kann, desto mehr kann ich auch wagen, meine eigenen Vorstellungen auszuprobieren. Und so ist es für diese Zeit typisch, zwischen Eigenständigkeit und Abhängigkeit hin und her zu pendeln. Es ist sozusagen das Ausprobieren des eigenen Lebens. Und dabei mag es auch wichtig sein, die Herkunft erst einmal weit von sich zu weisen, Abstand herzustellen, um gegenläufige Lebensentwürfe auszuprobieren.

Übung 12

Denken Sie bitte kurz darüber nach, wie diese Zeit bei Ihnen verlaufen ist. Mit was waren Sie bei Ihren Eltern nicht einverstanden und wie haben Sie darauf reagiert?

Wie haben Sie Ihren Weg gefunden, oder tun Sie sich noch schwer damit, in Ihrem eigenen Leben anzukommen? Lassen Sie sich vielleicht immer noch reinreden und verunsichern? Was haben Sie von Ihren Träumen in der Jugend umsetzen können?

In der Jugend entwickelt sich der Rebell, der grundsätzlich alles in Frage stellt und das Gefühl hat, das Leben neu zu erfinden. Allerdings ist uns auf dieser Stufe gar nicht bewusst, dass das meiste „nur" eine Gegenbewegung zu unserer Herkunft ist. Diese Gegenbewegung hat jedoch den Vorteil, dass wir erst einmal Abstand bekommen, aus unserem Elternhaus erst einmal heraus kommen. Das Pendel schlägt also auf die andere Seite.

Diese neu gewonnene Freiheit nutzen wir, um „unser" Leben zu leben und damit erfolgreich zu sein. Unser Bestreben ist, unser Ich so gut wie möglich zu entwickeln. Es ist auch die Hoffnung der meisten Eltern und der Anspruch der Gesellschaft. Hierbei entwickelt sich auch immer mehr das Karrieredenken, das uns heute so in Beschlag nimmt. Möglich wird dies erst durch die enormen Spezialisierungen in der modernen Welt. Dadurch haben sich auch die Prioritäten geändert: Die Arbeit dient nicht mehr unserem Leben, sondern wir dienen immer mehr der Arbeit, definieren uns über den beruflichen Erfolg, die Karriere.

Erst mit der Zeit merken wir, dass sich das Ganze doch nicht so rosig entpuppt, wie wir es uns vorgestellt haben, oder wie es uns von unseren Bildungseinrichtungen versprochen wurde. Da gibt es Probleme mit den Arbeitskollegen, dem Chef, in der Beziehung und wir erleben ähnliche Dinge wie damals bei unseren Eltern. Wer wir wirklich sind und was uns in der Tiefe wirklich ausmacht, haben wir bis jetzt noch nicht herausbekommen.

Dieser Prozess nimmt meist so die nächsten 20-25 Jahre in Anspruch, bis wir dann vielleicht Mitte der vierziger Jahre merken, dass wir immer noch den alten Glaubenssätzen hinterherlaufen, dass das, was uns unsere Eltern und Lehrer mitgegeben haben, partout nicht funktioniert, und dass uns das viele Geld, das wir vielleicht schon verdient haben, auch nicht glücklicher gemacht hat. Wir haben dafür auch einen eigenen Begriff entwickelt: Die Midlifecrises

Jetzt haben wir entweder die Möglichkeit die Arbeitsstelle, den Partner oder die Partnerin, den Wohnort, oder was auch immer stört, zu verlassen und zu hoffen, dass es beim nächsten Mal bestimmt besser wird. Ja manche sind ihr ganzes Leben lang auf der Suche nach ihrem „Seelenpartner".

Oder wir fangen an, unsere eigenen Prägungen, also unseren eigenen Anteil an der Misere zu betrachten. Auch diese Alternativen, neu anzufangen oder an sich selbst zu arbeiten, hat es vor 150 Jahren noch kaum gegeben. Insbesondere waren die Frauen, falls sie nicht das entsprechende finanzielle Polster aus ihrer Herkunft hatten, auf Gedeih und Verderb ihrem Schicksal ausgeliefert.

Sie mögen jetzt vielleicht denken, dass diese Entwicklung bis zur Midlifecrises doch schon zum Erwachsenenleben gehört, welches wir vielleicht spätestens mit Ende 20 betreten. Ich möchte jedoch an dieser Stelle schon einmal vorschlagen, dass wir uns den Begriff des Erwachsenen für eine weitere Entwicklungsstufe aufbewahren. Denn diese Erfahrungen, wie ich sie in den obigen Absätzen kurz skizziert habe, haben immer noch sehr viel mit einer

Gegenbewegung zum Elternhaus, also zur Kindheit, zu tun.

Diese Zeit des Jugendlichen (und die kann sich durchaus bis zum vierzigsten Lebensjahr oder auch weiter ausdehnen), wie wir sie kennen, ist wie gesagt eine Erscheinung der Neuzeit. Dass ich mich als Jugendlicher gegen meine Herkunft, also auch gegen meine Lebensgrundlagen auflehnen und andere Vorstellungen entwickeln kann, setzt voraus, dass es Alternativen gibt. Aber auch, dass mir meine Eltern bzw. auch die Gesellschaft die Möglichkeiten dazu anbieten. Und je mehr Möglichkeiten angeboten werden, desto mehr sind die Jugendlichen auch gefordert, eigene Antworten zu finden.

Dabei passt sich auch die Gültigkeitsdauer der Antworten zwangsläufig der Geschwindigkeit der momentanen Entwicklung an. Wenn Sie heute einen Abiturienten fragen, was er denn jetzt vorhat, dann werden Sie in 80% der Fälle hören: „Keine Ahnung."

Das, was in früheren Gesellschaften noch festgelegt war, vor 50 Jahren sich noch in der Beschaulichkeit der analogen Welt entwickeln konnte, hat sich heute in der vollkommenen Verfügbarkeit des Internetzeitalters scheinbar völlig aufgelöst: Unsere Bestimmung.

Das ist aber auch das Ziel, das wir als Gesellschaft erreichen wollten: Die vollkommene Freiheit unter allen Möglichkeiten zu wählen. Die absolute Selbstverwirklichung. Und das ist die Qualität der Jugend. Mit dem bisherigen zu brechen und neues zu entwickeln, einfach um des Neuen willen. Die Kraft des Aufbruchs, die nicht danach fragt, wohin oder wozu, sondern sich in der Erfahrung der eigenen Kraft feiert. Dies ist jedoch nur möglich, solange es ein Sicherheitsnetz gibt. Denn wenn es schief läuft, dann stehen die Eltern dahinter und fangen auf. So ist die zweite wichtige Eigenschaft der Jugend, dass sie noch keine Verantwortung trägt.

Wir proben den Aufstand und erforschen das Neue und am Abend betten wir uns darein, was wir den ganzen Tag über bekämpft haben.

Aber dies ist die Voraussetzung, damit sich die Nachkommen von den Eltern ablösen und somit auch mit unserer schnellen Zeit mithalten können. Gleichzeitig hängt die Schnelligkeit der Veränderungen natürlich mit dieser freien Phase der Jugend, die ständig nach vorne prescht, zusammen. Das Eine befördert das Andere. Dadurch spiegelt sich diese Qualität der Jugend auch immer mehr in der ganzen Gesellschaft.

Es geht um Wachstum und Veränderung um jeden Preis. Die Wirtschaft dient inzwischen nicht mehr dem Menschen für sein Leben, sondern der Mensch dient der Wirtschaft für die Bilanzen. Für die steigenden Zahlen opfern wir alles. Bis hin zu unseren Lebensgrundlagen. Das ist typisch jugendliches Bewusstsein. Veränderung um der Veränderung willen, ohne Verantwortung, ja ohne zu sehen, was dabei am Ende heraus kommt.

Nachdem wir lange unseren Eltern und Lehrern gehorchen mussten, ist jetzt endlich die Zeit, selbst zu bestimmen, wo es lang geht. Und wir definieren uns über den Wohlstand. Das teure Auto, der exklusive Urlaub etc. Wir setzen dabei Erwachsen sein mit dem unbegrenzten Ausleben unseres Ego, mit unbegrenztem Konsum gleich. Das zeigt sich auch im Starkult, der in unserer Gesellschaft betrieben wird. Die Vorbilder, denen wir hinterherlaufen. Schon von klein auf geht es darum, der Beste, der Erfolgreichste zu sein, der dann von allen verehrt wird. Wir zeichnen ständig die Sieger aus und der ganze Rest blickt auf den Glanz des Sieges, aber selten auf die besonderen Umstände des einzelnen. Was mich selbst ausmacht, erfahre ich dadurch nicht.

Das ganze Spiel produziert natürlich zwangsläufig Verlierer. Wenn wir als Nation der Exportweltmeister sein wollen, dann können wir nicht von anderen Nationen verlangen, dass sie es uns gleichtun. Es kann einfach nicht lauter Weltmeister geben. Wir lieben dieses Spiel des Gewinners und Verlierers, des Täters und des Opfers. Nach wie vor! Und das geht zurück auf unsere Kindheitserfahrungen und der Gegenbewegung im Jugendlichen. Als Kind waren wir abhängig und fühlten uns oft als Verlierer, als Jugendlicher haben wir uns dann vorgenommen (falls wir noch die entsprechende Energie hatten), es den anderen zu zeigen. „Deutschland sucht den Superstar!"

Hier stehen wir als Gesellschaft nach wie vor: Im jugendlichen Bewusstsein. Ausprobieren was geht, die Zeche zahlen die anderen. Wir verehren die Jugendlichkeit. Im Notfall auch mit kosmetischen Operationen. Der Antrieb für diesen endlosen Jugendlichkeitswahn sind unsere unbewussten Kindheitsschmerzmuster. Der Jugendliche läuft im Grunde immer diesen schmerzhaften Erfahrungen aus seiner Kindheit davon. Dadurch erhöhen wir die Geschwindigkeit ständig und powern uns aus. Die Folge ist Burnout. Unser Burnout und der Burnout der Erde.

Denn das Problem ist ja, dass wir als Menschheit im Gesamten keine Eltern mehr im Hintergrund haben, die für unsere Zerstörungen gerade stehen. Wir haben die Verantwortung selbst zu tragen! Sich dieser Verantwortung zu stellen, bedeutet erst wirklich Erwachsen zu werden. Das wäre der nächste

Schritt in der Entwicklung vom Kind über den Jugendlichen, auf den wir noch zu sprechen kommen.

Zunächst möchte ich jedoch noch verschiedene Erscheinungen dieser Kindheit-Jugendlichen-Dynamik beleuchten.

Auswirkungen

Das nicht erwachsen werden, das unsere Gesellschaft in weiten Teilen „auszeichnet", hat natürlich erst einmal Auswirkungen auf die Familie, bzw. ist als erstes dort abzulesen.

Fehlende Ablösung

Wenn Sie Familienaufstellungen machen, erleben Sie ständig folgende Dynamik:

Der Klient ist mit seiner Partnerschaft, seiner Arbeit oder seinen Kindern unzufrieden. Jetzt möchte ich gleich vorausschicken, dass wir durch eine Aufstellung nicht das Umfeld verändern können und natürlich auch nicht wollen. Sondern es geht darum, dass der Klient die Möglichkeit hat, aus einer Metaposition heraus etwas über sich selbst und die Dynamik in seinem jeweiligen System, also Familie oder Arbeitskollegium, zu erfahren.

Da wir alle, wie schon eindringlich beschrieben, von unserer Herkunft geprägt sind, stellen wir in sehr vielen Fällen die Herkunftsfamilie des Klienten auf.

Das, was Sie jetzt in den meisten Fällen erleben können, kann man mit Nichtabnabelung von der

Herkunftsfamilie bezeichnen: Der Klient steht wie ein kleines Kind vor seinen Eltern (dies alles durch Repräsentanten vertreten) und beklagt sich darüber, was in seiner Kindheit seiner Meinung nach nicht gepasst oder gefehlt hat. Das ist auch in den Aufstellungen sehr deutlich zu spüren, denn die Familiendynamik endet nicht mit dem Auszug aus dem Elternhaus. Dabei beklagen die heute 45-55jährigen meistens einen Mangel an Zuneigung und Verständnis. Sie haben meist das Gefühl, von ihren Eltern, die also im Krieg noch Kinder waren, gar nicht gesehen worden zu sein. Und so warten diese Menschen in einem Alter von vielleicht 50 Jahren immer noch darauf, von ihren Eltern gesehen, geliebt, angenommen zu werden. In der Aufstellung wird auch meistens sichtbar, dass diese Eltern, die im Krieg Kinder waren, gar nicht in der Lage waren, ihre eigenen Kinder entsprechend wahrzunehmen, da sie selbst durch ihre traumatischen Kindheitserlebnisse in der Vergangenheit eingeschlossen sind.

Solche Mangelerfahrungen gehen einher mit Selbstzweifeln, Ängsten, Minderwertigkeitsgefühlen und die betroffenen Menschen sind typischerweise ihr Leben lang damit beschäftigt, diesen Mangel auszugleichen. Die Generation der Kriegskinder versuchte diesen Mangel auszugleichen, indem sie nach dem Krieg nach vorne schaute und sich an den Wiederaufbau machte. Daraus entstand das sogenannte Wirtschaftswunder der zweiten Hälfte des 20. Jahrhunderts. Die folgende Generation musste schon keinen materiellen Mangel mehr erleben, litt jedoch unter emotionellem Mangel, den sie dann ihren Eltern vorwarf. Die Eltern ihrerseits beklagten die Undankbarkeit ihrer Kinder, da es ihnen im Vergleich zum Krieg ja an nichts mangelte. Ihre Kinder allerdings (die in den ca. 60er Jahren geborenen) nahmen sich dann vor, ständig für ihre eigenen Kinder da zu sein und ihnen ihre ganze Liebe und Aufmerksamkeit zu schenken. Wieder einmal eine Kindergeneration, die es besser haben sollte als die Eltern. Mit den Auswirkungen dieser sogenannten liberalen Erziehung haben wir jetzt immer mehr zu kämpfen, insbesondere da diese Entwicklung jetzt schon in die zweite Runde/Generation geht.

Kinder oder Eltern?

Gleichzeitig ist aber auch sichtbar, wie diese Generation der 60er Jahre ihre Eltern (also die Kriegskinder) oft wie Kinder behandeln und sich um alles mögliche kümmern (müssen), da diese nicht die Möglichkeit hatten, ihre Kriegserlebnisse als Kinder zu verarbeiten. Dabei können und dürfen wir niemandem einen Vorwurf machen, denn alle tun jeweils das bestmögliche in ihrer Zeit. Heute haben wir die Möglichkeit und Techniken dazu, die alten

Verletzungen aufzuarbeiten. Das war früheren Generationen nicht möglich. Auch deswegen, weil vor 100 Jahren kaum noch jemand an ein Unterbewusstsein dachte.

Kriegserfahrung ist dabei nur ein, wenn auch sehr gewichtiges Thema. In Aufstellungen zeigen sich die verschiedensten emotionellen Verflechtungen zwischen den Generationen. Kennzeichnend für alle Beteiligten ist, dass sie aus ihren persönlichen Kindheitsschmerzmustern heraus handeln. Und Kinder wollen in erster Linie geliebt und anerkannt werden. Das bedeutet, dass solche Eltern ihre Bedürfnisse automatisch auf ihre Kinder projizieren und ihren Selbstwert und ihr Glück dadurch in ihren Kindern suchen. Also, was die Zwischengeneration von ihren Eltern nicht erhalten hat, versucht sie unbewusst von ihren Kindern zu bekommen. Insbesondere, wenn die Paarbeziehung der Eltern schwierig ist, fließen die Liebe und die persönlichen Bedürfnisse oft automatisch zu den Kindern. Dadurch verkehrt sich das Eltern-Kind-Verhältnis und es sind nicht länger die Eltern, die ihren Kindern leitend zur Seite stehen, sondern es sind oftmals die Kinder, die immer mehr den Eltern vorgeben, was sie zu tun haben. Inzwischen ist es schon zur Selbstverständlichkeit geworden, mit den Kindern, also vorpubertär, die Wochenendgestaltung, den Urlaub, die Ernährung oder die Hausaufgabenerledigung zu diskutieren. Damit überfordern wir diese Kinder. Später werden sich diese Kinder dann in der Therapie darüber beklagen, dass sie immer alles selbst machen oder entscheiden mussten und dass sie gerne starke Eltern gehabt hätten, die ihnen zeigten wie es funktioniert. Oder, anderes Extrem, sie entwickeln sich zu Egomanen, die es nie gelernt haben, sich auch einzuordnen; in eine Gruppe, eine Familie etc.

Mittlerweile haben wir schon einen Kinderkult entwickelt und das Familienleben dreht sich immer mehr um die bestmögliche Förderung des Nachwuchses. Die Kinder werden gecoached. Das bedeutet für viele jeden Nachmittag Freizeitprogramm, falls der Nachmittagsunterricht das überhaupt noch zulässt, und für die Eltern, einen ständigen Fahrdienst aufrecht zu erhalten. Wir schütten unsere Kinder heute mit allem Möglichen zu, damit sie auf jeden Fall die besten Voraussetzungen für die heutige Welt mitbringen. Möglichst zweisprachig und mit Computer schon im Kindergarten. Handy gehört ohnehin in die Schultüte. Gleichzeitig wundern wir uns über die Zunahme von ADHS und diskutieren darüber, ob vielleicht Medienbildung hilfreich wäre. Vielen Eltern ist noch gar nicht bewusst, dass sie selbst eher von ihren Kindern in den Möglichkeiten der Medien unterrichtet werden könnten als anders herum.

Wir denken, viel hilft viel und irgendwie wird am Ende schon das Richtige dabei heraus kommen. Aus uns ist ja auch etwas geworden. Nur dass wir in unserer Kindheit immer wieder die Möglichkeit hatten, uns mit Langeweile auseinander setzen zu müssen. Mit der Erfahrung, dass jetzt einfach mal nichts ist, wenn ich mir nichts einfallen lasse. Kreativität setzt Leere voraus, die ich füllen kann oder muss. Wenn ich jede freie Minute; nein, es gibt keine freien Minuten mehr. Jegliche Wartezeit wird inzwischen durch die Smartphones absorbiert. Insbesondere die Jugend lebt heute in einem ständigen Konsum der digitalen Medien. Und wenn Sie sich darüber informieren, was denn da so konsumiert wird, wird der Prozentsatz an Lernsoftware gegen Null tendieren. Mein Eindruck dabei ist, dass da zu einem guten Teil unbefriedigte Wünsche der Eltern auf die Kinder projiziert werden und somit nachgeholt werden sollen.

In meinem Erstberuf als Musiklehrer unterrichte ich seit über 30 Jahren Kinder, ein Instrument zu erlernen. Heute bin ich dabei mehr als Therapeut gefragt, denn als Musiklehrer. Die Fragen, die ich mir in erster Linie stelle: Wie erreiche ich Aufmerksamkeit, wie kann ich Interesse wecken, wie schaffe ich es, dass mir das Kind im Unterricht überhaupt zuhört. Ein typischer Satz der heutigen Kinder ist: „Kann ich nicht!" Zapp. Und damit ist die Sache erst einmal erledigt. Das Kind redet dann von etwas anderem. Die Kinder zappen weg, wenn es nicht von selbst geht. Wenn Sie dann versuchen, diesem Kind mitzuteilen, dass man das ja lernen oder einfach mal ausprobieren kann, dann zeigt einem der Blick, dass man wohl zu einer aussterbenden Spezies gehört.

Natürlich gibt es immer solche und solche und es geht auch nicht darum, dass früher alles besser war, sondern es geht darum, Tendenzen wahrzunehmen und eventuell steuernd einzuwirken. Das bedingt allerdings, dass wir Vorstellungen davon haben, wo wir hin wollen, als Gesellschaft. Ob wir uns noch an Werten des Zusammenlebens orientieren oder, typisch Jugendlichenbewusstsein, alles machen und zulassen weil es einfach möglich ist. Die Produzenten des Fernsehens scheinen da schon Entscheidungen getroffen zu haben. Wenn wir aber alles zulassen und verkaufen wollen, dann sollten wir auch konsequent sein und die Auswirkungen nicht beklagen. Das Geschäft ist gemacht, wir haben auch den Preis zu bezahlen. Die Frage ist: Warum tun wir uns das an? Denn es ist nicht die Welt, die immer schneller wird, sondern wir sind es, die ständig der Gegenwart davon laufen und somit das Tempo erhöhen.

Partnersuche

Wenn wir als junge Menschen auf Partnersuche gehen, suchen wir uns jemanden, der uns emotionell erfüllt. Das klingt sehr technisch. Eigentlich halten wir nach unserem großen Glück, die alles erfüllende Liebe Ausschau. Unsere Seelenpartnerin oder unser Seelenpartner, die zweite Hälfte, mein Pendant, also kurz die Erfüllung unserer Bedürfnisse. All diese romantischen Bedürfnisse oder Vorstellungen sind erst einmal die Bedürfnisse des kleinen Kindes in uns. Und zwar bei den Männern die Bedürfnisse des kleinen Jungen an seine Mutter, bei den Frauen die Bedürfnisse des kleinen Mädchens an den Vater.

Während ich dies schreibe, höre ich wieder die ganzen Proteste aus allen möglichen Seminaren oder Kursen zum Thema Erwachsen werden: Das ist doch das Schöne am Leben, das Verlieben, die Liebe, das Füreinander da sein, die Zuneigung … Das macht doch das Leben aus. Leben ist doch nicht nur Pflichterfüllung und Arbeit…

Ich bleibe trotzdem dabei: Wir alle suchen, vor allem am Anfang der Partnersuche, einen Ersatz für unseren gegengeschlechtlichen Elternteil. Das ist einfach unsere prägende Erfahrung von Liebe und angenommen sein. Oder auch Einsamkeit und nicht angenommen sein. Je nachdem was wir erlebt haben. Wir projizieren unsere Erfahrungen auf unser jetziges Umfeld und kreieren dadurch immer wieder die gleichen Erfahrungen. Dadurch fühlen wir uns sicher, das kommt uns bekannt vor. Das stärkt unsere Identität.

Wenn meine Frau jetzt für mich der Mutterersatz ist, dann mache ich wieder die Erfahrungen aus meinem Elternhaus. Positiv wie negativ. Und das, was ich nicht erleben will, bringt mich dann zur Weißglut. Ich halte meiner Partnerin vor, dass sie mich wie meine Mutter behandelt und mir vorschreibt, was ich zu tun hätte. Alles wie früher.

Das gleiche passiert auch umgekehrt und der Mann erhält Vorwürfe, dass er seine Partnerin wie ihr Vater behandeln würde. Was sie ja eigentlich auch will, aber nur die schönen Seiten. Also wir haben Prinz und Prinzessin, die jeweils die Erfüllung ihrer eigenen Wünsche suchen. Das wird nichts. Das sind die Erwartungen des kleinen Kindes, endlich angenommen, geliebt und gesehen zu werden. Und zwar die bedingungslose Liebe. Die gibt es aber nur von der Mutter zum Kind. Das macht die ganze Sache für die Männer noch ein Stück diffiziler, da die Mutter, die die bedingungslose Liebe schenkt, auch noch das gleiche Geschlecht wie die Partnerin hat. Deswegen fallen die Männer in einer Beziehung noch leichter in ihre Kindheitsmuster als die Frauen. Die Zahl der Frauen, die ihren Mann als zusätzliches

Kind empfinden, ist erschreckend hoch. Bei den Frauen sind Mutter und Partner für gewöhnlich unterschiedlichen Geschlechts. Gleichgeschlechtliche Partnerschaften möchte ich jetzt nicht extra behandeln, aber auch hier gibt es immer wieder die Polarität männlich und weiblich in unterschiedlichen Ausprägungen.

Aber die Verteilung kann in so einer Partnerschaft ständig wechseln. Sobald der Mann in seinen inneren Jungen fällt, also in einen bestimmten Aspekt von Unselbständigkeit, kippt die Frau automatisch in eine mütterliche Rolle. Das ist kaum zu verhindern, da sonst keine Beziehung mehr möglich ist. Wenn die Frau sich dessen bewusst wäre und nicht die mütterliche Rolle ausfüllt, dann würden beim Mann sofort Verlassenheitsängste auftreten. Das hätte eine Auseinandersetzung zur Folge, die zwar sehr heilsam sein könnte, der aber doch in den meisten Beziehungen um des lieben Frieden willens aus dem Weg gegangen wird. Das Problem wäre auch nicht mit einer Situation gelöst, da unsere Schmerzmuster viel tiefer liegen und viel mächtiger sind. Da braucht es bewusste Arbeit mit einem Therapeuten.

Spinnen wir dieses Beispiel noch etwas weiter: Die Frau hat von dem kleinen Jungen ihres Mannes genug (der sich auch darin äußern könnte, dass der Mann in jeder freien Minute mit seinen Kumpels beim Motorrad fahren ist) und lässt ihn ihren Ärger spüren. Möglicherweise bekommt der Mann dann ein schlechtes Gewissen und versucht sich wieder bei seiner Frau einzuschmeicheln. Wie der kleine Junge bei der Mama. Möglicherweise bricht im Mann jedoch auch der Jugendliche durch und er behauptet sich und bricht einen Streit vom Zaun, in dem er seiner Frau darlegt, dass es bei ihr ja nicht mehr auszuhalten wäre, weil sie meint, ihn immer bemuttern zu müssen. Das könnte bei der Frau wiederum Verlassenheitsängste aktivieren und sie versucht ihren Mann wieder um den Finger zu wickeln, so wie sie es vielleicht bei ihrem Vater auch immer geschafft hat. Dann gibt es meistens eine gewisse Zeit des Waffenstillstands und irgendwann nach 1-2 Wochen geht das Ganze so ähnlich wieder von vorne los.

Das Grundproblem ist einfach, dass wir es hier mit zwei Menschen zu tun haben, die emotionell noch in ihren Kinderschmerzmustern festhängen. So wird die Partnerschaft zu einem ständigen Spiel von Macht und Angst. Eigentlich hat das gar nichts mit Partnerschaft zu tun, sondern es ist die Verknüpfung der Kinderschmerzmuster zweier Menschen. Also gegenseitige Abhängigkeit.

Probleme „vererben" sich

Wenn jetzt meine kindlichen Bedürfnisse in einer Partnerschaft nicht erfüllt werden, ja gar nicht erfüllt werden können, dann gehen diese Bedürfnisse an die Kinder. Hier ist die bedingungslose Liebe wieder möglich. Einmal von der Mutter vor allem zum Sohn und dann vom Vater vor allem zur Tochter. Dadurch werden die Kinder zum Partnerersatz. Das bedeutet nicht unbedingt, dass sexueller Missbrauch stattfinden muss. Aber es findet in jedem Fall emotioneller Missbrauch statt. Die Kinder werden zu Verbündete ihres gegengeschlechtlichen Elternteils und es entsteht gleichzeitig eine Konkurrenz zum gleichgeschlechtlichen Elternteil. Also der Papa mit seiner Prinzessin und die Mama mit ihrem Prinzen. Diese Verbindung suchen diese Kinder dann unbewusst wieder in ihrer Partnerschaft, was aber nicht funktionieren kann. In Familienaufstellungen zeigt sich das immer sehr deutlich, wie die betreffenden Personen noch gar nicht für Partnerschaft bereit sind, da sie nach wie vor eine quasi Partnerschaft mit dem entsprechenden Elternteil führen. Und die ist nahezu bedingungslos. Da hat der richtige Partner oder Partnerin keine Chance. Wenn dann Kinder kommen, fließt die Liebe wieder dorthin und die ganze Dynamik geht wieder weiter. Durch diesen Zusammenhang ist auch Inzest bei weitem verbreiteter als wir uns alle vorstellen möchten. Die Familie ist einfach die Basis unseres Lebens und auch Überlebens; und das nicht nur materiell sondern auch emotionell. Und emotionell kommen wir in Beziehungen bei weitem öfter in Not als materiell.

Diese Dynamiken müssen wir anerkennen, wenn wir sie irgendwann unterbrechen wollen. Solange wir die Dinge verdrängen, solange werden sie uns immer wieder einholen. Die Sexualität ist einer unserer größten Triebe. Der lässt sich nicht durch Gesetze und Moralvorstellungen in Schach halten.

Auflösung der Ordnungen

Eine andere Erscheinung ist, der beste Freund oder die beste Freundin der Kinder werden zu wollen. Aus der eigenen Kindheitserfahrung heraus, dass die Eltern irgendwie komisch und unzugänglich waren, versuchen wir es jetzt unbedingt anders zu machen. Also bester Freund oder Freundin, mit dem oder der man alles bequatschen kann. Dabei vergessen wir ganz, dass wir ja neben unserem Elternsein auch noch eine Generation auseinander sind. Freunde sind normalerweise ähnlichen Alters mit ähnlichen Erfahrungen. Die Eltern jedoch sind der Background, die Wurzeln, aus denen die Kinder schöpfen können. Wenn Eltern die besten Freunde zu ihren Kindern sein wollen, degradieren sie sich selbst in ihrer Funktion und erhöhen die Kinder auf gleiche Ebene. Gleichzeitig wundern sie sich dann, wenn die Kinder ihnen keinen Respekt mehr entgegen bringen.

Es geht hierbei immer um alte Gesetzmäßigkeiten, die auch heute noch nach vielen hunderttausenden von Jahren ihre Gültigkeit haben. Diese Gesetzmäßigkeiten sind eben nicht nur auf der körperlichen, genetischen Ebene zu beobachten, sondern auch auf der emotionellen, unbewussten Ebene. Immer dann, wenn wir es schaffen, diese Ordnungen wieder herzustellen, dann entspannt sich das ganze Familiensystem. Die Aufstellungen zeigen das direkt, wie alle Beteiligten dadurch entlastet werden und oft die unterschiedlichsten Symptome, emotionell oder körperlich, sich auflösen können.

In der Aufstellungsarbeit machen wir regelmäßig die wertvolle Erfahrung, wie zwischenmenschliche Spannungen unser Wohlbefinden beeinflussen. Und wenn Ihnen durch eine Familienkonstellation ständig Lebensenergie entzogen wird, bzw. Sie ständig am ausgleichen sind, dann ist es eben kein Wunder, dass Sie an Rückenschmerzen oder sonstigen Verspannungen leiden. Der Körper zeigt es uns. Aber wir benutzen auch unseren Körper, um die Umstände, die wir als Kind nicht ändern können, zu ertragen. In späteren Jahren werden diese Haltungen zu unserer Identität und die Beschwerden chronifizieren sich. Eines der erstaunlichsten Phänomene in Aufstellungen ist immer wieder das sofortige Auftreten von entsprechenden Körpersymptomen, sobald Sie in der Repräsentanz stehen. Hier erleben Sie direkt, wie emotionelle Belastungen Körperbeschwerden hervorrufen können.

Die Voraussetzung für Spannung ist Polarität. Unsere Grundpolarität ist die zwischen Mann und Frau oder Männlichkeit und Weiblichkeit. Diese zwei Prinzipien beggenen uns ständig auf allen Ebenen. Das Männliche als das fordernde oder auch eindringende, das Weibliche als das weiche und hingebungsvolle Prinzip. Auch für unsere menschliche Entwicklung brauchen wir immer wieder beide Qualitäten. Die Weiblichkeit in ihrer Besonderheit als Mütterlichkeit behütet die Kinder, damit sie gut gedeihen und nicht zu früh Kräften ausgesetzt werden, denen sie nicht standhalten können. Das ist natürlich vor allem am Anfang des Lebens wichtig und sollte im Laufe der Zeit immer weniger werden, damit sich Selbständigkeit entwickeln kann. Wenn ich mich als Mutter allerdings über meine Kinder definiere, weil sie mir Bestätigung geben und ich meinen Wert, den ich mir selbst nicht zugestehe, davon abhängig mache, dann wird es mir sehr schwer fallen meine Kinder loszulassen. Mehr noch, ich bin dann ständig damit beschäftigt, immer alles richtig zu machen, denn sonst könnte ich ja als Mutter versagen. Dadurch entsteht die heute weit verbreitete Situation, dass die Eltern und hier vor allem die Mütter ständig ihren Kindern hinterherlaufen. Die perfekte Förderung des Kindes wird zum Lebensinhalt und die Kinder entwickeln sich zu unausstehlichen Kotzbrocken, da sie ständig die Erfahrung machen, dass ihnen alles nur denkbare auf dem Silbertablett serviert wird. Allein die Erwachsenenwelt schaut ganz anders aus. Solche Eltern bauen vor ihren Kindern eine Illusionsblase auf, die in der Realität eigentlich keine Entsprechung hat. Da zeigen sich ganz klar die eigenen nicht verarbeiteten Kindheitsillusionen, wie man es selbst als Kind gern gehabt hätte, aber von den eigenen „bösen" Eltern nicht geliefert bekommen hat. Daraus entsteht der Wunsch wenigstens den eigenen Kindern eine „schöne" Kindheit zu bereiten, um vielleicht auch noch das eine oder andere nachholen zu können. Ein Großteil dieser sogenannten schönen Kindheit mit ihren ganzen Vergnügungsparks und Illusionswelten fördern immer mehr das Abdriften in Illusionen. Dadurch verstärkt sich immer mehr die Polarisierung zwischen leidiger Pflicht und Phantasiewelt und es entsteht schließlich ein Wettbewerb darum, wer am leichtesten das meiste Geld verdient um sich so viele kindliche Wünsche wie nur irgend möglich zu erfüllen. Das vorläufige Ergebnis sehen wir in unserer Spaßgesellschaft. Wir pendeln zwischen Arbeitspflicht und Freizeitspaß. Das erinnert sehr an die Kindheit oder die Zeit als Jugendlicher, als wir immer versuchten, uns so viel wie möglich aus der Affäre zu ziehen. Das setzt sich dann auch im Studium oder in der Ausbildung fort, dass man immer versucht, alles mit möglichst wenig Aufwand über die Bühne zu kriegen. Und schließlich gestalten wir unser Arbeitsleben dann genauso: Ja keinen Strich zu viel tun und so viel Freizeit wie möglich. Dadurch sind wir ständig auf der Flucht zwischen Zwang und Freiheit. Nur dass heute der Zwang nicht mehr von den Eltern oder der Schule oder dem Ausbildungsmeister kommt, sondern vom Arbeitgeber, dem Chef, dem Staat oder wem wir sonst noch alles so dienen.

Sollte der Erwachsene nicht selbst entscheiden können, wollten wir als Erwachsene nicht endlich selbst bestimmen?

Mütter und Väter

Durch diese Verdrehung der Ordnung, also die Mütter (aber auch die Väter) orientieren sich an den Wünschen der Kinder, entsteht eine gegenseitige symbiotische Abhängigkeit: Die Mütter brauchen die Kinder für ihren Selbstwert, die Kinder brauchen die

Mütter als Bedienstete, weil der Prinz oder die Prinzessin ja einen Hofstaat braucht. Eine Auswirkung davon ist, dass die Kinder heute immer später aus dem Elternhaus ausziehen und die Mütter schon darum bangen, wenn der Kleine dann doch endlich flügge wird. Der Kleine ist da aber vielleicht schon 28 Jahre alt. Manche auch noch älter. Dass es dann mit einer eigenen Beziehung erst mal schwierig wird, weil es die Prinzessin, die man sich vielleicht auserkoren hat auch gewohnt ist, die Prinzessin zu spielen, ist eigentlich nicht verwunderlich. Wenn die Kinder sich zu Nesthockern entwickeln ist der Vater seiner Rolle nicht gerecht geworden!

Männliche Energie strebt nach außen. Der Vater hat die Aufgabe, die Kinder aus dem Nest, aus der Kindheit herausführen. Das tut er durch seine Anwesenheit, durch sein Vorbild und durch seine Forderung. Soweit die Theorie.

Wir haben jedoch damit ein riesiges Problem in unserer Gesellschaft: Die Väter stehen zu wenig zur Verfügung. Die Väter arbeiten in Betrieben abseits der Familie und die Kinder werden hauptsächlich von den Müttern großgezogen. Immer noch. Oder die Kinder sind in der Krippe und im Kindergarten und werden von Erzieherinnen betreut. Und am Nachmittag nach der Schule sind es meist die Mütter, die die Kinder durch die Gegend fahren, damit alle Freizeitbeschäftigungen erledigt werden können.

Das ist insbesondere für Jungen problematisch, wenn sie überwiegend in einer weiblichen Welt aufwachsen und somit kaum Vorbilder zu ihrem eigenen Geschlecht erleben. Das verunsichert die Jungen vor allem ab der Pubertät und die Mütter sind damit immer mehr überfordert. Hier beginnt schon der Geschlechterkampf, da die Jungen versuchen, sich von ihren Müttern abzugrenzen, ohne zu wissen wohin. Und die Mütter kämpfen um ihre Autorität und verlieren einen Kampf, den sie gar nicht gewinnen können. Ein Beispiel dazu:

Die Mutter bringt ihren elfjährigen Sohn in den Trompetenunterricht und beklagt sich darüber, dass der Filius so unmotiviert ist. Während sie ein paar Geschichten darüber erzählt, steht der Sohn unsicher in der Gegend herum und beschäftigt sich mit dem Schlagzeug, das auch noch im Raum steht. Es ist deutlich die Ablehnende Haltung gegenüber der Mutter zu spüren, die ihrerseits mitteilt, dass sie sich keinen Rat mehr wisse. Und in der Tat, der Unterricht ist eine ziemlich zähe Angelegenheit. Ich sage ihr dann, dass es da den Vater braucht, das ist nicht mehr ihre Aufgabe. In einer der nächsten Stunden bringt der Vater den Sohn in den Unterricht und hört auch zu. Er hat eigentlich nichts gesagt, sondern war nur anwesend. Ich hatte auf einmal ein strahlendes Kind, das Spaß hatte, in seine Trompete zu blasen und dem Unterricht zu folgen, ja sogar gefordert werden wollte! Die Jungs brauchen die Väter, die für sie da sind. Sie brauchen die männliche Energie zur Identifikation. Und da muss man als Vater gar nicht unbedingt was tun, sondern einfach da sein. Wir leben in einer sehr aufgeschlossenen und fortschrittlichen Gesellschaft, in der sich die geschlechtsspezifischen Rollen immer mehr auflösen. Das hat unbestritten viele Qualitäten. Aber Kinder sind damit überfordert, denn sie haben die Aufgabe, ihre Identität erst einmal zu finden, und das gilt in der Pubertät auch und vor allem für die geschlechtliche Identität.

Aber es liegt natürlich nicht nur an den Normen der Gesellschaft. Wenn ich als Vater meine eigenen Kindheitserlebnisse nicht verarbeiten konnte, dann stecke ich, wie schon erläutert, in meinen Kindheitsschmerzen fest und bin damit nicht nur als Ehemann sondern auch als Vater überfordert. Die Kinder bringen mich ständig in die Not und ich greife dann zu irgendwelchen Erziehungsratgebern. Da stehen sicherlich auch immer wieder interessante Sachen drin, nur haben alle diese Ratgeber das Problem, dass sie weder das spezielle Kind noch die spezielle Konstellation in der Familie und am wenigsten die eigenen speziellen Probleme der Eltern kennen. Es wird einfach nicht funktionieren. Es kann auch nicht funktionieren, da jede leidige Situation auch ihre positiven Seiten hat und auf diese müsste ich dann auch verzichten, wenn ich etwas ändern will. Also in unserem obigen Beispiel: Wenn ich verhindern will, dass sich das Söhnchen zu einem Pascha entwickelt und ich den Kontakt verliere, muss ich damit beginnen, meine eigenen Projektionen auf dieses Kind anzuschauen. Ich muss mich um meine Bedürfnisse und Nöte selbst kümmern. Und ich muss mich natürlich fragen, ob ich bereit bin, meine Aufgaben als Vater wahrzunehmen. Dazu muss ich meine eigenen Prägungen anschauen. Dann wird mir auch mein eigener Anteil an der ganzen Situation bewusst. Deshalb sind Familienaufstellungen so hilfreich, weil sie uns die Möglichkeit geben, von einem neutralen Standpunkt aus die ganze Dynamik des Familiengeschehens zu beobachten. Denn unser eigener Anteil an einer Situation ist auf Grund unserer Prägung der dunkle Fleck. Wir sehen ihn im Alltag nicht. Dazu braucht es den Blick von außen. Und Kinder sind, das zeigen die systemischen Aufstellungen ganz deutlich, die Symptomträger, aber nicht die Ursache. Denn sie sind vom System abhängig.

Meistens haben die heutigen Väter schon das Gleiche mit ihren Müttern erlebt, denn mit Einzug des Industriezeitalters sind die Männer in den Fabriken verschwunden. Und die Söhne haben oft nicht einmal genau gewusst, was der eigene Vater den ganzen Tag so tut. Papa ist einfach beim arbeiten. Und so setzen sich Probleme über Generationen fort. Das sind natürlich immer auch Umstände, für die ich selbst persönlich gar nicht verantwortlich bin. Das sind einfach die Begleiterscheinungen der gesellschaftlichen Entwicklung. Im 19. Jahrhundert herrschten natürlich andere Bedingungen als im 21. Jahrhundert. Der Niederschlag all dieser Erfahrungen ist Teil des kollektiven Unbewussten. Und das schaut auch je nach Kultur, in der ich lebe, anders aus. Diese Zusammenhänge müssen wir in Betracht ziehen, sonst werden wir nie verstehen, was gerade passiert oder noch schlimmer, wir werden immer nur die vordergründigen Schuldigen ausmachen, damit wieder kurzfristig Ruhe einkehrt. Das heißt, wir müssen anfangen systemisch zu denken, möglichst alle beteiligten Aspekte mit einbeziehen. Das, was in der Handhabung technischer Regelkreise heute schon selbstverständlich ist, sollten wir endlich auch unserer eigenen Regulation zugestehen. Insbesondere weil in der Psychologie auch noch der Zeitfaktor eine Rolle spielt, also unsere eigene Prägung und die Auswirkungen des kollektiven Unbewussten.

Der Vater ist jedoch nicht nur für die Söhne wichtig, sondern auch für die Töchter. Durch ihn erleben sie zum ersten Mal die männliche Energie und erhalten dadurch auch ein Feedback für die eigene weibliche Entwicklung.

Das Problem in jungen Beziehungen ist oft folgendes: Der junge Mann ist eigentlich noch das Muttersöhnchen, das es gewohnt ist, dass alles erledigt wird und im Grunde eine Mama sucht, die ihn bemuttert. Die junge Frau, die Prinzessin, sucht ihren Prinzen, der ihr den fehlenden Vater ersetzen soll.

Das Ergebnis davon ist, dass beide ständig in das beleidigte Kind abtauchen, weil sie sich von ihrem Partner entweder wie von der Mutter oder wie vom Vater behandelt fühlen. Und das will niemand!

Letztlich suchen beide unbewusst in der Beziehung wieder die Erfahrung der bedingungslosen Liebe. Die gibt es aber nur von der Mutter zu ihrem Kind. Und in einer Zeit, in der sich die gesellschaftlichen Normen und Zwänge immer mehr auflösen, fehlt auch noch diese Bindungskraft, um die Beziehungen zusammen zu halten.

Durch die Entgrenzung des jugendlichen Bewusstseins auf Grund fehlender Bindungskräfte wie Gesellschaftsnormen, Familientraditionen oder erwachsener Vorbilder, also die strukturgebende männliche Energie, explodiert die überschäumende Energie des jungen Menschen in alle Richtungen. Ein Ergebnis davon erleben wir im Moment: Wir schauen der Jugend beim „Komasaufen" zu. Und wir wundern uns nicht einmal mehr darüber. Nur wenn die Presse wieder eine Statistik darüber veröffentlicht, kommt ein Aufschrei, dass das nicht so weitergehen kann. Aber Tags drauf gibt es sicher wieder eine neue Statistik, die die alte widerlegt und so kann sich wieder alles beruhigen.

Männlichkeit - Weiblichkeit

Ich möchte nochmals allgemeiner auf die Polarität männlich - weiblich zu sprechen kommen, da aus dieser Grundpolarität die meisten Probleme entstehen. Deswegen verwundert es auch nicht, dass sich systemische Aufstellungen meist um das Thema Partnerschaft und Familie drehen. Ein Beispiel:

Eine Frau möchte eine Aufstellung bezüglich ihrer Partnerschaft machen, da sie mit ihrem Mann nicht mehr zurecht kommt. Wir stellen auf: Sie selbst, ihren Mann, das Thema, eventuelle Kinder und eventuell noch ihre Eltern. Eine Dynamik, die jetzt sehr häufig zu beobachten ist, ist folgende: Die Männer (ihr Mann und ihr Vater, eventuell auch noch ein Sohn) stehen etwas unsicher oder auch aggressiv in der Gegend herum. Die Frauen in der Aufstellung sind am agieren: Entweder sie fordern die unsicheren Männer auf, endlich in Bewegung zu kommen; das geht bis zum Beschimpfen, was sie denn für Waschlappen wären. Oder sie lehnen die aggressiven Männer ohnehin von vornherein ab: „Komm mir ja nicht zu nahe, du bist untragbar" Üblicherweise zeigt sich immer das gleiche Verhalten bei den Eltern und den Kindern. Also das gleiche Problem, das die Eltern unserer Klientin schon hatten, hat auch die Klientin mit ihrem Mann.

Hier zeigt sich sehr deutlich die Grunddynamik zwischen Mann und Frau in unserer Zeit. Ohne jetzt auf einzelne Schritte der Aufstellung einzugehen, die sind auch immer unterschiedlich je nach Konstellation, möchte ich jetzt die Hintergründe aufzeigen:

Die Klientin ist mit ihrer Mutter identifiziert und hat von ihr die Ablehnung der Männer übernommen. Sie lehnt also zuerst ihren Vater ab und dadurch auch ihren Mann. Gleichzeitig wählt sie wieder einen Mann aus, der ähnlich wie ihr Vater ist. Das ist ihr vertraut. Ihr Mann hat im Grunde keine Chance, da er ständig die Wut der Klientin auf ihren Vater abkriegt. Die Wut der Klientin ist aber eigentlich die Wut ihrer Mutter auf ihren Mann (also den Vater der Klientin). Wir übernehmen als Kinder die Dynamik zwischen unseren Eltern. Warum? Weil wir zu unseren Eltern loyal sind. Wir brauchen sie und sind auf ihre Zuneigung angewiesen. Das ist uns natürlich nicht bewusst; das ist die Eigenheit einer Prägung. Im Grunde kämpfen die Klientin und ihr Mann einen Stellvertreterkampf der Eltern der Klientin. Wenn wir dann noch eine Generation zurück schauen, können wir oft denselben Kampf noch einmal sehen. Diese Dynamiken ziehen sich oft über Generationen hinweg. Aber wo kommt das her?

Für gewöhnlich zeigt sich in irgendeiner Generation ein schreckliches Erlebnis. Z.B. der Tod eines Kindes oder eines Elternteils durch Krankheit, Unfall oder Krieg. Ausgestoßene Familienmitglieder sind auch ein tragisches Ereignis in Familiensystemen: Behinderte Kinder, „komische Vögel" in der Verwandtschaft, im Grunde alle Erscheinungen, die in der jeweiligen Zeit nicht akzeptiert waren.

In unserem Beispiel war möglicherweise der Großvater der Klientin im Krieg und ist traumatisiert zurück gekommen. Dadurch hat er nicht mehr in sein Leben gefunden. Psychotherapie gab es damals noch nicht, für das erträglich machen der

Spannungen war oft der Alkohol zuständig. Der Großvater klinkte sich immer mehr aus, die Großmutter übernahm immer mehr alle Aufgaben, wie auch schon während der Kriegszeit. Dadurch war die Großmutter ihrerseits überfordert und beschimpfte ihren Mann als Nichtsnutz. Die Mutter der Klientin ist in diesem Klima aufgewachsen und hat nichts anderes erlebt. Sie sucht sich unbewusst wieder einen Mann mit einer ähnlichen Geschichte, da ihr das vertraut ist. Und so weiter.

Dies ist eine mögliche, wenn auch sehr typische, Dynamik, die sich über Generationen fortsetzen kann. Wir haben hier die Konstellation Mann im Rückzug und Frau im Angriff auf den Mann, weil der Mann nicht erreichbar ist. Das Gegenteil wäre die Frau im Rückzug und der Mann in der Aggression. Z.B.: Die Frau verliert bei der Geburt ihr Kind und kommt nicht mehr über dieses Ereignis hinweg. Sie zieht sich zurück und verweigert auch die Sexualität, weil sie Angst hat, nochmal das gleiche erleben zu müssen. Der Mann möchte jedoch weiterhin Beziehung leben und fordert seine Frau. Wenn dieser Mann schon mit Aggressionen vorbelastet ist, weil er z.B. von seinem Vater viel geschlagen wurde, dann ist er sehr wahrscheinlich mit seiner Frau überfordert. Eventuell erinnert sie ihn sogar an seine Mutter und er kommt wieder an seine alten Erlebnisse als Kind. Wenn wir dann in einer Aufstellung in die Generationen zurückblicken, zeigt sich, dass der Vater dieses Mannes auch schon überfordert war, da er seinerseits als Kind schon das gleiche erlebt hat.

Je mehr Sie solche Dynamiken miterleben können, desto mehr wird Ihnen bewusst, dass es eigentlich keinen Schuldigen gibt. Und obwohl wir natürlich in einer Gesellschaft Vergehen ahnden müssen, um das Zusammenleben erträglich zu gestalten, ist damit der ganzen Sache noch nicht geholfen. Der Delinquent wird letztlich für das in Griff bekommen der Erlebnisse in seiner Kindheit noch zusätzlich bestraft.

Warum sind diese Dynamiken typisch? Dazu müssen wir uns die beiden Pole anschauen: Das Männliche ist die nach vorne schreitende, auch eindringende Energie, das Weibliche ist die hingebende, sich öffnende Energie.

Im Grunde können Sie in jeglicher Bewegung diese beiden Pole ausfindig machen. Sie gehen in Aktion, wollen etwas erreichen, bemühen sich (männlich) um dann wieder loszulassen, sich zu regenerieren und sich dem zu öffnen, was von außen kommt (weiblich). Wenn die eindringende Energie auf Hingabe oder Öffnung trifft, dann gibt es eine Vereinigung und eventuell auch Befruchtung. Wenn die eindringende Energie auf Widerstand stößt, dann ergibt sich Kampf oder Rückzug. Der Kampf oder auch der Krieg ist damit urmännlich. Aber ohne diese eindringende Energie gibt es auch keine Vereinigung und keine Befruchtung. Somit auch keine Weiterentwicklung. Das ist die Grunddynamik zwischen den beiden Polen. Auf Beziehung bezogen bedeutet das folgendes: Das Männliche dringt in das Weibliche ein. Wenn sich das Weibliche verweigert, also nicht hingibt, dann zieht sich das Männliche entweder zurück, dann entsteht keine Begegnung, oder es kämpft und erzwingt den Sieg. Das heißt anders herum, wenn sich die Frau nicht öffnen kann oder will, hat der Mann keine Chance in Partnerschaft zu kommen. Er muss sich dann zurückziehen, denn die Alternative wäre die Vergewaltigung. Das ist zwar auch eine Form von Beziehung aber keine Partnerschaft. Das klingt jetzt alles sehr archaisch, aber diese grundsätzliche Dynamik zeigt sich immer wieder zwischen Mann und Frau. Wie wir jetzt allerdings damit umgehen, hängt natürlich sehr davon ab, in wie weit wir noch von alten traumatischen Erlebnissen bestimmt werden.

Dass sich Frauen verweigern bzw. zurückziehen und sich nicht öffnen können, liegt natürlich wiederum an der männlichen Gewalt über Generationen. Sowohl körperliche, sexuelle als auch emotionelle Gewalt. Nach den langen Zeiten der Unterdrückung der Frauen hat in unserer Gesellschaft in den letzten Jahrzehnten eine wichtige Entwicklung stattgefunden: Die sogenannte Emanzipation der Frau. Ich sage deswegen sogenannte, weil viele Frauen jetzt die besseren Männer sein wollen und das hat mit Frau und Weiblichkeit nichts zu tun. Jetzt kämpfen die Mannfrauen gegen die Männer; das macht die Begegnung zwischen Mann und Frau nicht einfacher. Vielleicht ist es ein wichtiger Zwischenschritt auf dem Weg zu wahrer Gleichberechtigung, aber die alten Verletzungen zwischen Mann und Frau werden wir dadurch nicht versöhnen. Das erreichen wir nur, wenn wir aus den Dynamiken, wie oben aufgezeigt, aussteigen. Und das ist immer eine persönliche Arbeit und kann niemals mit Gesetzen und Quoten erreicht werden.

Täter und Opfer

Wir müssen uns dieser Dynamiken über Generationen bewusst werden und sehen, dass es im Grunde keine Schuldigen gibt, die anzuklagen wären. Denn wenn ich anklage, dann führe ich das Spiel zwischen Täter und Opfer weiter. Die einzige Möglichkeit da heraus zu kommen ist in die Versöhnung zu gehen. Und diese Versöhnung wird dann möglich, wenn ich die Dynamik hinter den Tätern sehen kann. Wenn mir die Zusammenhänge bewusst werden und ich auch dadurch Mitgefühl mit den Tätern aufbringen kann.

In den Aufstellungen zeigt sich sehr klar, wie die Täter-Opfer-Dynamik ein ständiges Pingpong-Spiel über Generationen ist. Jedes Opfer hat das Recht vom Täter Genugtuung zu fordern, bzw. zurück zu schlagen, und so geht es immer weiter. Dabei liegt der Vorteil, oder sagen wir der Ball, beim Opfer. Der Täter hat ihn abgeschossen, er kann nichts mehr tun. Jetzt ist es am Opfer, den Ball wieder zurück zu schießen oder darauf zu verzichten. Die Spirale der Gewalt können wir nur beenden, wenn wir gerade Opfer sind. Das betrifft alle Konflikte auf allen Ebenen. Zwischen Mann und Frau, zwischen Religionen, zwischen Nationen.

Und trotzdem: Waffenstillstand ist noch keine Beziehung. Wenn sich der Mann zurückzieht, entsteht keine Beziehung mehr. Das ist das große Kindheitsmuster der Männer: Sie ziehen sich zurück und lassen die Frauen am langen Arm zappeln bis sie mürbe werden. Das ist Krieg mit anderen Waffen. Und Männer können das sehr lange aushalten. Männer können Energie halten. Auch das haben sie seit Generationen gelernt. Wenn die Frau als Mutter für das Neugeborene sorgt, muss der Mann den Raum halten. Er bereitet den Boden dafür, dass sich die Mutter in einer geschützten Atmosphäre dem Kind widmen kann. Über viele Jahrhunderte waren die beiden Pole männlich und weiblich klar auf Mann und Frau verteilt. Während die Frau die Nestwärme schenkte musste der Mann auf seine Zeit warten. Die Zeit, bis die Söhne alt genug waren, vom Vater aus dem Nest herausgeführt werden zu können. Das ist männliche Energie. Der Mann muss bereit sein.

Wenn sich allerdings die Frau zurückzieht, entsteht auch keine Beziehung, oder der Mann holt sich die Frau gewaltsam, was er auf Grund seiner körperlichen Kraft kann. So müssen beide aus ihrem Rückzug wieder hervor kommen. Die Frau muss sich wieder hingeben und der Mann muss wieder bereit sein einzutreten!

Beides ist aber nur möglich, wenn wir aus unseren Kindheitsschmerzmustern heraustreten. Denn der Rückzug ist eigentlich der Rückzug des verletzten Kindes. Erst wenn wir aus diesen Verletzungen heraustreten, treten wir in den Erwachsenen ein.

Übung 13

Was kommt Ihnen von den beschriebenen Zusammenhängen persönlich bekannt vor, was hat Sie angesprochen? Nehmen Sie sich ruhig ein paar Minuten Zeit, ihren Gefühlen diesbezüglich nachzuspüren. Was wäre Ihr Wunsch? Und was könnten Sie tun, um diesen

Wunsch in die Wirklichkeit zu bringen? Wie können Sie zu Ihren Wahrnehmungen stehen?

Gesellschaftliche Auswirkungen

Dieselben Dynamiken, die wir jetzt auf der partnerschaftlichen oder familiären Ebene untersucht haben, zeigen sich natürlich auch in der Gesellschaft. Hier haben die Auswirkungen inzwischen ein gefährliches Maß angenommen, da durch die Anhäufung von Kapital und damit die Entwicklung der Globalisierung, die Hebelwirkung viel größer ist. Wir haben inzwischen in der Wirtschafts- und Finanzwelt Strukturen geschaffen, mit Hilfe derer wir in relativ kurzer Zeit ganze Staaten ruinieren können. Dazu braucht es keine herkömmlichen Kriege mehr, obwohl wir darauf trotzdem nicht verzichten. Innerhalb einer Generation sind wir zu Abhängigen der digitalen Welt geworden. Und wir arbeiten daran, dass die Computer immer mehr selbständig übernehmen. Vielleicht ist das ja irgendwann unsere Rettung vor uns selbst, aber bislang benutzen wir dieses Know How, um unserem Konkurrenzdenken grenzenlose Möglichkeiten zu verschaffen. Aber nicht nur zwischen den Ländern geht die Schere arm-reich immer mehr auseinander, sondern auch innerhalb der Nationen arbeiten wir mit Erfolg daran, diese Spannung immer mehr zu erhöhen. Ich möchte Ihnen jetzt Beispiele dazu ersparen. Die lesen wir ohnehin täglich in den Zeitungen. Immerhin wird die Ungerechtigkeit im Moment so deutlich, dass es uns dazu zwingt, bald zu reagieren. Dem unbegrenzten Ausleben unserer Kindheits- und Jugendlichenmuster sind global auf jeden Fall Grenzen gesetzt.

Auswirkungen am Arbeitsplatz

Auch in unserem direkten Umfeld sind wir ständig mit den Problemen mit den kindlichen Verhaltensweisen konfrontiert. Wir haben alle eine fundierte Berufsausbildung und gerade Deutschland ist bekannt für die hohe Qualität an Ausbildungen. Daran scheitert es in den Betrieben meistens nicht. Was aber immer mehr zum Problem wird, sind auch hier die zwischenmenschlichen Spielchen auf Grund unserer verletzten inneren Kinder. Die ganze Palette an Abhängigkeiten erleben wir hier genauso wie in unseren Beziehungen. Hier sind die Angriffe meist noch brutaler, da wir ja mit unseren Arbeitskollegen nicht verheiratet sind. Inzwischen ist es in therapeutischen Praxen Alltag, dass die Klienten Hilfe suchen, weil das Klima an ihrem Arbeitsplatz nicht mehr auszuhalten ist. Und damit erscheint in unserer Gesellschaft ein ganz neues Problem: Bis jetzt ging es immer darum, persönliche Probleme, die sich beim Klienten aus seiner Lebensgeschichte entwickelt haben, zu lösen oder soweit erträglich zu machen, damit er möglichst wieder am Arbeitsleben und somit auch am Sozialleben teilnehmen kann. Inzwischen hat sich jedoch in den Betrieben, auch auf Grund des zunehmenden Effektivitätsdruckes, ein Klima entwickelt, das die Beschäftigten definitiv krank macht. Gerade auch wegen des steigenden Druckes kommen die Menschen immer mehr an ihre Grenzen und somit an ihre Automatismen oder kindlichen Bewältigungsstrategien. Typisches Kennzeichen davon ist, dass kaum noch jemand nachvollziehen kann, warum so oder so gehandelt wird. Das Endergebnis ist der zunehmende Rückzug in die innere Isolation, was natürlich die prekäre Lage in den Betrieben noch verschärft. Die Effektivität, die wir immer mehr steigern wollen, scheitert an zwischenmenschlichen Konflikten. Das Ergebnis sind unmotivierte Mitarbeiter, hohe Krankheitsraten, mangelnde Zusammenarbeit. Es entsteht dadurch innerhalb der Abteilungen ein hohes emotionelles Spannungsfeld, das sich bei den Beteiligten in chronischen Krankheiten ausdrückt und im Betrieb in steigenden Kosten durch Produktivitätsverlust. Die bisherigen Antworten in Form von Verschlankung der Abläufe und Reduzierung des Personals, um die Kosten einzudämmen, beschleunigen die negative Entwicklung eher noch. Dabei wäre es dringend geboten, eine Ebene tiefer zu schauen. Auch hier wäre die systemische Aufstellungsarbeit sehr hilfreich, wie es auch in einigen wenigen Betrieben schon genutzt wird. Wenn wir nicht damit anfangen auf die eigentlichen Ursachen zu schauen, kommt ein großes gesellschaftliches Problem auf uns zu. Denn wo sollen die Menschen dann noch hin, wenn die Arbeitswelt sie krank macht?

Übung 14

Wie geht es Ihnen mit Ihrem Arbeitsumfeld? Sind Sie zufrieden, haben Sie im Großen und Ganzen Freude an Ihrer Arbeit? Oder ist sie eher ein Stressfaktor in Ihrem Leben? Und wie weit beeinträchtigt Sie dann Ihre Arbeit schon in Ihrem Lebensgefühl? In wie weit spielt der Arbeitsfaktor bei Ihnen auch in familiären Spannungen eine Rolle?

Bevor wir jetzt in das nächste Kapitel einsteigen, fassen wir nochmals unsere Entwicklung kurz zusammen:

Am Anfang ist es wichtig, dass sich der neue Mensch bestmöglich körperlich entwickelt um überhaupt die Grundlagen für weitere Entwicklung zu legen. Wir könnten es auch mal so ausdrücken, dass die Seele, unser eigener Antrieb, möglichst ganz im Körper ankommt, von ihm Besitz ergreift.

Stück für Stück lernt das Kind, seinen Körper zu gebrauchen, zu krabbeln, zu gehen, zu sprechen etc. Es ist eine allmählich zunehmende Verankerung in diesem Körper. Je mehr Erfahrungen das Kind macht, desto breiter ist dessen Entwicklung angelegt. Das Austesten und damit Wahrnehmen der Grenzen entwickelt auch die Eigenwahrnehmung. Das Ganze ist ein dynamischer Prozess des in Besitznehmen des Körpers, stoßen an die Grenzen des Umfelds und dadurch Verstärkung der Eigenwahrnehmung und des eigenen Antriebes. Diese Kraft des Antriebs wird wieder in den Körper gelenkt, um neue Ziele zu erreichen. Das ist das Verankern in den Lebensgrundlagen, ein in Besitz nehmen meiner Welt. Wichtiges Kennzeichen dabei ist die Verhaftung mit den Erscheinungen. Also wenn Sie ihrem Kind das Eis wegnehmen, dann bricht meistens fast eine Welt zusammen. In diesem Sinne und damit in diese kindliche Phase würde auch der biblische Spruch passen: „Macht euch die Erde untertan."

Wenn dieser Prozess der Verankerung massiv gestört wird, indem z.B. der Antrieb ständig behindert wird, wird das Kind irgendwann resigniert aufgeben und sich mehr oder weniger in sich zurück ziehen.

Dann kommt die Zeit des Jugendlichen. Die Pubertät, also die sexuelle Reifung, und die geistige Reifung mit all den neuen Ideen, die es dem Jugendlichen ermöglichen aus den alten Pfaden der Herkunft auszubrechen. Wenn wir dabei jedoch in der Rebellion gegen unsere Eltern, unsere Herkunft, letztlich gegen die Gesellschaft stecken bleiben, dann erfüllt sich unser Leben nicht. Wir bleiben im Kampf, und das ist schließlich auch der Kampf gegen unsere Lebensgrundlagen. Wir sind dabei in erster Linie mit unserer sogenannten Selbstverwirklichung beschäftigt, die sich als unbegrenztes Ausleben von Ego und/oder Karrieredenken darstellt. Es ist immer noch eine Gegenbewegung zu den Kinderschmerzmustern. Wir erkennen es daran, dass es uns nicht glücklich macht, sondern eher krank. Stresserkrankungen wie z.B. Rückenbeschwerden, psychische Probleme, Bluthochdruck und Herzinfarkt. Wir fühlen uns dabei eher als Getriebener, denn als jemand, der die Zügel in der Hand hält.

Dabei haben wir noch nicht die Verantwortung übernommen, die uns zukommt. Verantwortung bedeutet hier Antwort zu geben auf die Frage des Lebens. Und die betrifft neben uns auch unseren Planeten und deren Kinder. Eine Gesellschaft, die sich selbst als Spaßgesellschaft definiert, ist meines Erachtens in der Jugend stecken geblieben.

Wenn wir uns unserer Verantwortung wirklich stellen, dann taucht am Horizont ein neues Erwachsenenbild auf.

Erweiterung des Erwachsenenbegriff

Die körperliche Entwicklung des Menschen ist mit Anfang 20 abgeschlossen. Um die intellektuelle Entwicklung haben wir uns dabei auch schon mindestens 12 Jahre gekümmert, und sie geht auch noch weiter. Was als nächstes anstehen würde, ist die seelisch-emotionelle Entwicklung. Also das Aufarbeiten der Verhaltensmuster aus unserer Kindheit. Dies ist auch erst dann möglich, wenn ich materiell unabhängig bin; also im Berufsleben stehe und selbst meinen Lebensunterhalt bestreiten kann. Zuerst kommen die Lebensgrundlagen, dann ist weitere Entwicklung möglich. Warum?

Die seelisch-emotionelle Entwicklung bedingt die Auseinandersetzung mit unserer Herkunft. Und die ist erst möglich, wenn ich mit dem nötigen Abstand von außen drauf schauen kann. Wenn ich noch in meiner Herkunftsfamilie lebe und von ihr materiell abhängig bin, habe ich nicht die nötige Distanz dazu. Es geht jetzt darum, meine Prägungen aus der Kindheit anzuschauen. Übrigens ist es auch sehr bezeichnend, dass die Jugendlichen immer später von zu Hause ausziehen und damit auch immer später in ihr eigenes Leben treten. Hotel Mama ist natürlich bequemer.

Wenn wir uns nicht aktiv um das Bewältigen unserer Kinderschmerzmuster kümmern, werden wir in wichtigen Teilen unseres Lebens in kindlichen Verhaltensmustern stecken bleiben. Wir werden weit unter unseren Möglichkeiten bleiben und dadurch ein überwiegend unfreies Leben führen. Anzeichen dafür sind Ängste, Unsicherheit, Traurigkeit, Aggressivität, Zorn, Unzufriedenheit, Einsamkeit. Und wir füttern unser Unterbewusstsein mit immer mehr Gewalt: Fernsehen, Internet, Musik, Videos, Computerspiele. Auch dies ist ein deutliches Zeichen für unser verhaftet sein in den kindlichen/jugendlichen Emotionen. Wir füttern uns und vor allem unsere Kinder mit allen möglichen Gewaltszenen und denken gar nicht daran, dass das alles Wirkungen in unserem Unterbewusstsein hinterlässt. Gleichzeitig gehen wir dann auf Motivationsseminare und lassen uns erklären, wie man Ziele erreicht: Indem wir unser Unterbewusstsein mit Bildern zu diesen Zielen füttern. Das wissen wir ja eigentlich, wie lernen funktioniert: Über Wiederholung! Wenn ich mich täglich mit Gewalt programmiere, dann werde ich kaum Verständnisfähigkeit entwickeln können. Verantwortung übernehme ich, wenn ich entsprechend meiner Erkenntnisse handle. Wenn wir nur wissen, erreichen wir noch gar nichts.

Die größte Aufgabe unserer Zeit ist, dass wir die Ebene, die uns wirklich antreibt im Leben, also die Gefühlsebene, bewusst entwickeln. Wir müssen uns von den alten Automatismen aus der Kindheit befreien. Das passiert nicht von selbst wie das körperliche Altern, sondern wir müssen uns aktiv darum kümmern. Und es handelt sich bei diesen Kinderschmerzmustern auch nicht um eine Krankheit, die manche befällt und für die der Arzt und die Krankenkasse zuständig wären. Nein, es ist einfach der nächste Schritt unserer Entwicklung nach der körperlichen und geistigen Ebene. Ohne emotionelle Bildung sitzen wir nach wie vor im trotzigen kleinen Jungen und rufen zum Krieg auf, weil wir keine anderen Handlungsoptionen entwickelt haben. Und ob der Krieg in der Partnerschaft, zwischen Banden, Religionen oder zwischen Nationen stattfindet, macht nur einen Unterschied in der Ebene. Solange Konflikte nur auf lokaler Ebene ausgetragen wurden, konnten die zugrunde liegenden Zusammenhänge bis jetzt mehr schlecht als recht ignoriert werden. Spätestens seitdem wir jedoch Möglichkeiten entwickelt haben, mit denen wir nicht nur die ganze Menschheit sondern auch das Ökosystem der Erde vollkommen vernichten können, sollten wir uns mit unserem emotionellen Antrieb etwas eingehender auseinander setzen.

Die „Heilung" des inneren Kindes

Der logische Weg wäre jetzt unsere Schmerzmuster aufzulösen und von nun an ein glückliches und unbeschwertes Leben zu führen. Dazu werden verschiedene Ansätze angeboten wie z.B. mit dem verletzten Kind, das wir einmal waren, zu sprechen und ihm zu vermitteln, dass wir als Erwachsener uns von nun an um es kümmern werden, damit es wieder lachen und spielen kann und wir damit wieder Zugang zu Qualitäten bekommen, die diesem inneren Kind zugeschrieben werden: Kreativität, Lebenslust, Freude, Verspieltheit…

Ich möchte Ihnen einen erweiterten Ansatz vorschlagen, denn mir scheint, dass die gerade erwähnte Vorgehensweise immer noch von einer grundlegenden Vorstellung ausgeht: Wenn ich das Schmerzvolle in meinem Leben überwinden kann oder mich mit alten Schmerzen versöhnen kann, dann werde ich endlich glücklich sein! Das impliziert dann oft auch, dass in meiner Vergangenheit etwas falsch gelaufen sei. „Wenn mich meine Eltern anders behandelt hätten, mich mehr geliebt, anerkannt und gefördert hätten, dann ginge es mir heute besser."

Dabei ist meist gar nicht so klar, was dieses Besser eigentlich beinhaltet, wie es ausschauen soll. Wir versuchen unseren Mangel ja meist über den materiellen Wohlstand auszugleichen. Und natürlich bin ich auch der Meinung, dass Wohlstand angenehmer ist als Armut. Ja mehr noch ist er auch die Voraussetzung, dass wir uns überhaupt über diese Themen Gedanken machen können bzw. müssen. Allerdings haben wir nach über 50 Jahren steigendem Wohlstand auch genügend Erfahrung damit, dass wir jetzt sagen können, dass er uns auch nicht glücklich gemacht hat. Nein, inzwischen werden wir immer mehr zu Sklaven unseres Wohlstandes. Die ganze Angelegenheit scheint doch noch wo anders hin zu steuern.

Übung 15

Denken Sie einmal an eine zurückliegende Krise in Ihrem Leben und schauen Sie, was sich daraus entwickelt hat.

Wollten Sie die Erfahrung, die Sie daraus gewonnen haben, missen? Wollten Sie das Gute, das sich daraus entwickelt hat, missen? Würden Sie gerne wieder vor die Krise zurück gehen? Würden Sie überhaupt gerne wieder von vorne anfangen und auf all das verzichten, was Sie erfahren haben? Wollten Sie gerne jemand anders sein? Vielleicht ihr Nachbar, oder Ihr Chef.

Das klingt absurd und diese Fragen weisen schon darauf hin, dass es nicht darum geht, wieder in die Welt der Kinder einzutauchen. Natürlich geht es auch um Kreativität, Lebenslust, Freude oder Verspieltheit, aber diese Qualitäten haben in einem erwachsenen Menschen einen anderen Ausdruck als beim Kind. Denn die Lebensumstände und Bedürfnisse eines Erwachsenen sind ja auch verschieden gegenüber denen eines Kindes.

3. Der Erwachsene

In diesem Teil möchte ich Sie gerne zu einer für Sie vielleicht ungewohnten Denkweise über unsere Herkunft einladen. Sie können das einfach mal als eine Hypothese annehmen und den Gedanken folgen, die ich daraus entwickle. Das Ziel dabei ist nicht der Beweis der Hypothese, sondern die Entwicklung alternativer Denkmodelle, deren Nutzen sich in der Praxis erweisen kann.

Die Spannung des Lebens

Wenn ich mich selbst beobachte, dann wird mir sofort die Dualität zwischen mir und meinem Umfeld bewusst. Dieses Umfeld beinhaltet auch meine Familie, meine Herkunft, das was mich geprägt hat, alles was als Nicht-Ich auf mich einwirkt. Dann haben wir natürlich dieses Ich, das mit der jeweiligen Einwirkung einverstanden ist oder nicht. Also es gibt da eine Kraft, die sich gegen das Umfeld stellen kann. Diese Kraft könnten wir auch als Antrieb des Ich bezeichnen. Möglicherweise entsteht das Gefühl des Ich auch aus dieser Kraft des Antriebs.

Am Anfang unserer Entwicklung existieren wir in absoluter Einheit mit unserer Mutter. Irgendwann entsteht aus dieser Kraft des Antriebs eine Bewegung. Anfangs noch unbewusst, z.B. erste Fußtritte im Bauch der Mutter. Später als Kind immer deutlicher auch bewusst, z.B. als nicht befolgen der Anweisungen der Mutter. Erst dadurch entstehen überhaupt Konflikte.

Wir können also zwei Energieströme ausmachen:

1. Meine sogenannte Herkunft, also alles was von meinen Eltern und auch von meinen Ahnen kommt, eingebettet in die Gesellschaft, die ihrerseits eine Ansammlung vieler solcher Ahnenketten ist. Das ist

eine ständige Kette von Ursache und Wirkung. Viele Ursachen und viele Wirkungen, die sich auch gegenseitig beeinflussen. Es ist ein langer Strom über unsere Ahnen, der jeweils durch die entsprechenden Erfahrungen in der jeweiligen Generation bis hier her gelangt ist und dessen momentaner Ausdruck sich in meiner Person zeigt. Bert Hellinger beschreibt das als den vorläufig letzten Platz in der langen Kette meiner Vorfahren. Und auf diesem letzten Platz erhalte ich über meine Eltern die ganze Fülle an Erfahrungen meiner Vorfahren. Den ganzen Reichtum, ohne wenn und aber. Dabei haben wir über unsere Herkunft auch teil am kollektiven Bewusstsein oder auch Unbewussten.

2. Mein eigener Antrieb, mein Ich, das sich am Anfang vor allem dadurch ausdrückt, ob es mit dem was von außen kommt, einverstanden ist oder nicht. Dabei ist das Ich erst einmal und noch lange Zeit mit seinem Körper identifiziert. Durch diese Identifikation habe ich das Gefühl, dass ich ein unabhängiges Wesen wäre. Wäre es mir ständig bewusst, dass ich diesen Körper von meinen Eltern erhalten habe, um darin meine Erfahrungen zu machen, würde es mir sicher leichter fallen, meinen Eltern dankbar zu sein für alles, was ich von ihnen bekommen habe. Denn ohne sie auch kein Körper.

Der erste Energiestrom (meine Ahnen) hat also die Besonderheit, dass er mir einen menschlichen Körper zur Verfügung stellt, in dem mein Ich dann mehr oder weniger zufrieden wohnt. Wir können das beobachten, wie es uns mit unserem Körper geht. Und es gibt genügend Menschen, die nicht mit ihrem Körper zufrieden sind. Wir sagen ja auch: Mein Körper, also wir besitzen diesen Körper. Mit dem Beginn unseres Lebens vergessen wir erst einmal die Tatsache, dass wir aus zwei unterschiedlichen Energien bestehen. Das ist die Zeit, während der sich die Seele/das Ich im Körper und auf der Erde verankert. Seele und Ich hier synonym verwendet als das, was auf der Erde in dem Leben seine Erfahrungen macht. Dazu braucht es einen Körper. Erfahrungen machen wir durch den Körper, durch unser Handeln. Alles andere ist Theorie. Wir können lange über Liebe theoretisieren, aber solange wir nicht die Erfahrung dazu haben, wissen wir nicht wovon wir reden. Und spüren tun Sie das in Ihrem Körper, im Herzen oder im Bauch oder wo die Liebe sonst noch überall hingeht. (Bei manchen auch durch den Magen.)

Das Ich macht durch seinen Körper, der ihm durch die Herkunftsfamilie zur Verfügung gestellt wird, seine Erfahrungen. Und dieser Körper ist an die Gesetze seiner Herkunft gebunden. Wir sagen dazu Genetik. Die Dinge entstehen nicht aus dem luftleeren Raum heraus, sondern sind Auswirkungen von Ursachen. Ob sich das Ich den Körper selbst ausgesucht hat oder andere Ursachen dafür verantwortlich sind, bleibt dahingestellt. Tatsache ist, dass das Ich zumindest für dieses Leben mit diesem Körper zurechtkommen muss.

Das wesentliche Geschenk über den Körper hinaus, welches das Ich vom ersten Energiestrom erhält, ist das Eingebettet sein in ein System, also die Familie. Das ist die Lebensgrundlage. Ohne dies wäre kein Überleben und keine Entwicklung möglich. Und weiter wird das Ich durch die Herkunftsfamilie auf die größere Einheit, die Gesellschaft, vorbereitet. Wir lernen durch unsere Eltern die wichtigsten Fertigkeiten, damit wir in unserer Gesellschaft existieren können. Manche Erziehungswissenschaftler (und vielleicht auch manche Eltern) haben sogar das Gefühl, dass dies das Einzige wäre, was Eltern ihren Kindern mitgeben können.

All dies ist Grundlage, damit wir (die Seele) überhaupt auf der Erde existieren und Erfahrungen machen können. All dies geschieht auch immer in der besonderen Zeitqualität, in die ich geboren bin. Im 19. Jh. würde ich andere Erfahrungen machen als im 21. Jh.

Wenn darüber hinaus das Ich mit dem Körper und allem was dazu gehört (Glaubenssätze der Familie, Gesetze der Gesellschaft etc.) einverstanden ist, dann wird es sich in dieser Energie weiterbewegen. Das ist das Einfachste. Je größer die Spannung, die durch die Verbindung der zwei großen Energieströme auftritt, desto größer sind allerdings auch die Anstrengungen des Ich, sich daraus fort zu bewegen.

Und Spannungen entstehen immer. Je schneller die Zeit, desto mehr Spannungen, denn was unsere Eltern noch erlebten, hat heute in weiten Teilen keinen Bestand mehr. Als Kind war diese Spannung vielleicht nicht auszuhalten und wir haben uns zurück gezogen. Wir haben unsere Strategien entwickelt, wie wir mit der Spannung zurecht kommen können. Das meiste davon passiert unbewusst und macht dann, wie im ersten Teil beschrieben, unsere Identität aus. Das ist das Ergebnis des Aufeinandertreffen der zwei Energieströme. Sie merken wahrscheinlich jetzt schon, dass da natürlich eine Frage auftaucht: Woher kommt denn diese enorme Kraft des zweiten Energiestromes, also jetzt als Seele oder Ich bezeichnet, das sich so vehement gegen seine Lebensgrundlagen stellen kann. Auf der materiellen Ebene macht das doch überhaupt keinen Sinn. Da muss es doch ein ideelles, geistiges Prinzip geben, das sich über die Materie, über die Gegebenheiten, hinwegsetzt. Diese philosophische Frage nach dem Vorrang von Geist oder Materie (Körper) beschäftigt die Menschheit schon seit einigen tausend Jahren. Unsere Kultur hat sich aufgrund der Naturwissenschaften anscheinend mehrheitlich auf die Seite der Materie geschlagen und lange Zeit diente dafür der etwas zweifelhafte Beweis, dass uns bei der Untersuchung der Materie nie ein geistiger Stoff untergekommen sei. Im Zeitalter der Quantenphysik sind die Wissenschaftler etwas zurückhaltender geworden. Inzwischen hat sich herausgestellt, dass die Wahrheit im Auge des Betrachters liegt. Also Materieteilchen oder Energiequant wird durch die Betrachtungsweise beeinflusst.

Für unser Thema gehe ich einmal von der Hypothese aus, dass es eine sogenannte geistige Welt gibt und diese auch ihre eigenen Gesetze hat. Das schließt jedoch nicht aus, dass die Prozesse der geistigen Welt nicht auch im Körper sichtbar wären, bzw. nachvollzogen werden können.

Unsere Eltern haben im guten Glauben auf Grund ihrer Erfahrungen gehandelt, wogegen sich mein Ich aufgelehnt hat. Da ich jedoch als Kind keine Chance hatte, meine Energie durchzusetzen, habe ich mich zurückgezogen oder dagegen gekämpft. Also meine Reaktion ist das, was ich aus der gegebenen Situation gemacht habe. Das ist ganz wichtig zu erkennen. Die Handlungsmuster oder Automatismen sind meine Reaktionen auf das Energiefeld meiner Eltern, Lehrer etc. Also meines Umfeldes. Als Kind hatte ich in dem Moment vielleicht keine andere Möglichkeit, aber der Rückzug war meine Antwort auf mein Umfeld! Anderes Kind, andere Reaktion. Das ist das Muster, das mich in späteren Jahren wieder einholt. Nicht der Schmerz von damals, den ich erlebt habe, sondern das, was ich daraus gemacht habe, holt mich heute wieder ein. Und wenn ich heute in einer ähnlichen Situation das gleiche erlebe, dann erlebe ich diesen Schmerz auch im Hier und Jetzt. Es ist immer noch das gleiche Thema und ich reagiere immer noch darauf. Das ist der Automatismus. Manche haben ja vielleicht alles akzeptiert, was ihnen begegnet ist und sind somit eine Kopie ihrer Eltern oder ihres Umfeldes geworden oder haben das, was sie bekommen haben, einfach dafür eingesetzt etwas neues daraus zu machen. Wie wir damals als Kind immer wieder reagiert haben, hängt davon ab, was wir als Ich mitbringen. Deshalb kann man nie allgemein feststellen, welche Erlebnisse zu Problemen oder psychischen Erkrankungen führen. Das ist bei jedem Menschen unterschiedlich. Situationen, die bestimme Menschen traumatisieren können, stecken andere relativ unbeschadet weg.

Für gewöhnlich versuchen wir nach den Anfangserfahrungen weiteren Schmerzen aus dem Weg zu gehen. Das ist ja der Sinn der Automatismen. Sobald ich die Energie, die Emotion schon rieche, klinke ich mich aus, oder gehe in den Intellekt oder in die Erstarrung. Das müssen nicht immer große angstbesetzte Situationen sein. Das sind auch die vielen kleinen Erfahrungen im Alltag, die uns oft gar nicht so bewusst sind und die im Einzelnen auch noch keine Erstarrung bewirken. Zusammengenommen ergibt das jedoch nach einem langen Tag das Gefühl von Abgespanntheit, Muskelverspannungen, Unlust etc. Am nächsten Tag geht es so weiter und der Körper wird immer fester. Daran sieht und spürt man es am schnellsten. Wir verspannen unseren Körper, um uns vor der Wahrnehmung der Emotionen zu schützen. C. G. Jung hat dafür den Begriff des Körperpanzers geprägt. Hierbei zeigt sich auch die enge Verbindung zwischen Emotionen und Körper, was dann in den Yogaübungen genutzt wird um positiv auf unsere Emotionen einzuwirken.

Wir bauen also im Laufe der Zeit Schutzmauern auf, indem wir den Körper verspannen um das Außen zu bewältigen. Diese Schutzmauern sind aber auch das, was uns heute das Leben schwer macht. Die Flucht vor der Realität, um den Schmerz nicht nochmal zu spüren. Der Schmerz, der als Kind nicht einzuordnen und zu verarbeiten war, dem ich jedoch als Erwachsener anders begegnen könnte, ja sogar sollte. Und dieser Schmerz entsteht immer im Jetzt aus der Konfrontation mit dem entsprechenden Thema. Auch wenn ich nur an ein vergangenes

Thema denke und dadurch traurig werde: Es ist nicht der Schmerz von damals, sondern es ist der Schmerz der jetzigen Situation.

Denn das, was ich als emotionellen Schmerz wahrnehme ist im Grunde eine energetische Dissonanz zwischen mir und meinem Gegenüber. Das ist wie in der Musik: Es gibt Tonkombinationen, die klingen für unser Ohr angenehm, und es gibt welche, die schmerzen unser Ohr. Welcher Ton ist jetzt der bessere, oder welcher hat sich falsch verhalten? Die Frage macht keinen Sinn. Die beiden Töne passen einfach nicht so gut zusammen. Aber auch in der Musik, um die Analogie noch weiter zu spinnen, entsteht die Bewegung und damit die Lebendigkeit aus dem Wechsel von Spannung und Auflösung.

Und so bringt uns die Spannung als Kind auch in die Bewegung. Flucht oder Kampf. Dadurch entwickeln wir uns und bilden unsere Fertigkeiten aus. Zumindest wird das Ganze dadurch enorm befördert. Diese Inkongruenz zwischen den beiden Energieströmen, also zwischen mir und meinen Eltern oder meinem Umfeld, bringt mich dann schließlich in die Ablösung des Jugendlichen. Wenn das nicht passiert, z.B. bei einer symbiotischen Überbehütung oder wenn der eigene Antrieb verhindert wird, dann komme ich nicht von meinen Eltern los. Dann lebe ich vielleicht mit 40 immer noch in meinem

Kinderzimmer und werde von meiner Mutter versorgt.

Das ist jetzt sehr drastisch dargestellt, um eine mögliche, allerdings oft zu beobachtende, Dynamik zu verdeutlichen. Und es soll natürlich keineswegs heißen, dass Menschen mit einem harmonischen Elternhaus nicht in ihr Leben finden. Insbesondere, da noch viele andere Faktoren eine Rolle spielen. Wichtig ist jedoch zu sehen, dass dieser Schmerz, den wir als Kinder erlebt haben, und über den wir uns oft beklagen, ein großes Potential darstellt. Wenn Sie ein glückliches Elternhaus erlebt haben und mit ihrem Leben zufrieden sind wie es läuft, auch gut!

Ein weiterer Grund, der die Ablösung erschweren kann, ist, wie im zweiten Teil schon berichtet, das nicht zur Verfügung stehen der Eltern. Einmal natürlich, wenn die Eltern gar nicht da sind, aber auch, wenn sie körperlich da sind, aber emotionell nicht zur Verfügung stehen, weil sie mit eigenen Problemen belastet sind. Dann kann es passieren, dass erwachsene Menschen mit über 50 Jahren unbewusst immer noch darauf warten, endlich von den Eltern gesehen oder in den Arm genommen zu werden. Nur wird das dann auf die Mitmenschen projiziert und wir werden dann gegenüber unserem

Partner oder Chef oder Kollegen unbewusst zum kleinen Kind, das auf Trost wartet.

Ich möchte hier immer wieder auf Dynamiken hinweisen, die sich im therapeutischen Alltag ständig zeigen. Es ist zwangsläufig sehr verkürzt, da immer sehr viele Aspekte eine Rolle spielen, wenn wir Probleme erleben. Was allerdings allgemein zu beobachten ist: Unsere Probleme hängen mit unseren Automatismen zusammen. Emotionellen Schmerz werde ich immer wieder erleben, das lässt sich auch als Erwachsener nicht verhindern. Denn genauso, wie ich mit den Ansichten meiner Eltern nicht einverstanden war und bin, bin ich auch mit vielen Ansichten und Gewohnheiten meiner Mitmenschen nicht einverstanden. D.h. ich mache es einfach anders. Und genauso wie die Spannung aus meiner Kindheit mich veranlasst hat, etwas zu unternehmen, so wird auch die Spannung in meinem Leben als Erwachsener mich immer wieder dazu veranlassen, etwas zu unternehmen. Dieser emotionelle Schmerz ist der Anzeiger und der Antrieb, damit wir etwas unternehmen. Aber eben nicht mehr der alte Rückzug, oder die alte Wut, der alte Zorn, die Angst, die Gewalt etc.

Wir hätten es natürlich ganz gern so, dass alles von selbst geht, dass die Arbeit nicht anstrengend ist und der Urlaub ewig dauert, aber das sind kindliche

Illusionen. Die erzeugen vor allem deshalb Schmerz, weil sie nicht der Realität entsprechen. Klingt eigentlich ganz einfach: Wenn mir etwas nicht entspricht, dann muss ich mich bewegen. Ich kann es ja anders machen. Hier kommt uns jedoch meistens sofort der Automatismus in die Quere, unbedingt dazu gehören zu wollen. Dann tun wir so, als ob alles ok ist und passen uns an. Wie oft sind Sie nicht ganz aufrichtig um des guten Frieden willens? Oder auch um ihren Job nicht zu verlieren?

Spannung erzeugt Bewegung. Das ist wie beim elektrischen Strom: Ohne Spannung keine Leistung, keine Bewegung. So auch mit unserem Körper. Der ist uns von unseren Eltern gegeben. Daran können wir nicht viel ändern. Wir können uns beklagen, dass wir nie eine Goldmedaille in Leichtathletik erreichen werden, aber es wird nichts ändern. Jedoch können wir unseren Körper für unsere Zwecke nutzen.

Wir haben das Spannungsfeld unserer Herkunftsfamilie, in dem wir uns entwickelt und unsere Strategien ausgebildet haben. An diesem Spannungsfeld können wir auch nicht viel ändern. Aber wir können es nutzen. Alles, was ich erlebt habe, macht mich heute aus. Alle Erfahrungen meiner ganz persönlichen Geschichte ergeben im Gesamten meine ganze Fülle. Das kann ich nicht mehr ändern, aber ich kann es nutzen. Das ist sogar eine meiner Aufgaben. Meine Antennen, die ich entwickelt habe, einzusetzen. Ich möchte hier sogar an Sie appellieren: Versuchen Sie nicht irgendetwas los zu werden, oder an ihre Eltern „zurück zu geben". Abgesehen davon, dass das meistens ohnehin nicht funktioniert, würden Sie auf einen Teil Ihrer Fülle verzichten. Das wäre schade!

Das bedeutet natürlich, dass wir anfangen müssen uns selbst zu akzeptieren. Uns anzunehmen, wie wir sind. Ja vielleicht auch zum ersten Mal uns selbst wirklich anzuschauen und wahrnehmen, wer wir eigentlich sind. Und dabei geht es jetzt nicht um die Ebene, die alle anderen von mir kennen, sondern es geht um die Ebenen, die ich bis jetzt versteckt habe, aus Angst, dass sie auch mein Umfeld, wie vielleicht meine Eltern, nicht akzeptieren kann. Deswegen müssen wir weg von den Vorbildern. Wir müssen weg von den Medien, vom Mainstream, von dem was die Gesellschaft vorgibt, was gerade in Mode oder verehrungswürdig ist. Und wir müssen ehrlich mit uns selbst umgehen.

Die große Entscheidung am Tor zum Erwachsenen ist:

1. Entweder ich ziehe mich auf Grund meiner Erfahrungen zurück und blockiere damit meinen

Energiefluss. Das bedeutet, dass ich im kleinen Kind bleibe, in den Automatismen verhaftet und auf der Flucht bin.

oder

2. Ich nutze dieses Spannungsfeld um in die Bewegung zu gehen. Dies ist jedoch keine Bewegung um ihrer selbst willen, sondern die Bewegung des zweiten Energiestromes, das was ich mitbringe.

Viele Menschen machen Sport, um die Spannung los zu werden, in der sie stehen. Manche arbeiten rund um die Uhr, manche betäuben sich mit Drogen. Im Grunde gibt es heute nichts, was nicht auch als Sucht betrieben wird. Aber dabei laufen wir nur unseren Kindheitsschmerzen und damit uns selbst davon. Dadurch bleiben wir in einer ständigen Pendelbewegung. Das ist nicht die Bewegung, um die es geht. Die Aufgabe ist eher, sich der Spannung zu stellen und somit etwas über sich selbst, über das eigene Ich, also über den zweiten Energiestrom zu erfahren. Dass in einer Situation Spannung entsteht, hat wie gesagt auch etwas mit mir zu tun. Und zwar ziemlich genau zu 50%. Wenn ich mich mit dieser Situation beschäftige, habe ich die Möglichkeit etwas über mein Ich zu erfahren. Dadurch wird meine Suche nach mir selbst beantwortet. Selbstverwirklichung bedeutet auf dieser Stufe erst einmal den zweiten Energiestrom, also unser Ich, immer besser kennen zu lernen.

Die Bewegung in unserem Leben ergibt sich aus der Spannung zwischen mir und dem Kollektiv. Es ist meine Aufgabe genau diese Energie weiter zu führen, damit sie an ihr Ziel kommt. Das wäre der persönliche Weg, den wir immer wieder suchen. Dass wir uns damit oft so schwer tun, liegt daran, dass wir meist an der falschen Stelle suchen: Wir probieren alles mögliche aus, nehmen uns alle möglichen Vorbilder, denen wir entsprechen wollen, ohne jedoch zu wissen, wer wir selbst sind. Denn wir wollen im Grunde schnelle Lösungen. Das ist auch so ein kindliches Verhaltensmuster: Kinder wollen immer alles sofort. Sie können nicht warten und schon gar nicht auf etwas hinarbeiten. Und auch als sogenannte Erwachsene glauben wir immer, wir müssten einfach das richtige finden, um glücklich zu werden. Dadurch bleiben wir in Abhängigkeit vom Außen. Zufriedenheit werde ich jedoch erst erleben, wenn ich Antworten auf meine Fragen finde und nicht auf die Fragen meiner Mitmenschen. Das klingt banal, aber genau das tun wir, wenn wir irgendwelchen äußeren Bildern entsprechen wollen. Und meistens sind wir in unserer Medienwelt so mit Bildern vollgestopft, dass wir erst einmal eine Entziehungskur bräuchten.

Unsere Eltern

Und diese Bildung beginnt schon sehr früh. Um den Prozess der Ichwerdung voranzutreiben ist es hilfreich und wichtig auch nochmal auf unsere Eltern zu schauen. Denn da wir als Kinder sehr viel über nachmachen lernen, haben wir von unseren Eltern sehr viel auf einer unbewussten Ebene gespeichert. Sie kennen ja die Sprüche: „Ganz der Papa"! Wobei der Sohnemann das meist als ganz unverständlich von sich weist. Je älter wir jedoch werden, fallen uns immer mehr Dinge an uns auf, die wir so vor allem von unseren Eltern kennen. Das betrifft körperliche Bewegungen oder Haltungen aber auch und vor allem Denkmuster und Ansichten z.B. über Männer und Frauen. Wie Männer und Frauen miteinander umgehen, lernen wir zum ersten Mal bei unseren Eltern. Was entsteht zwischen diesen beiden Menschen für eine Spannung. In welchem Spannungsfeld habe ich mich entwickelt und was stellt jeder einzelne Pol für sich dar. Was bedeutet das jetzt für mich, der ich beide Pole in mir habe? Was mache ich daraus? Je besser ich diese Dynamik in mir kenne, desto besser kann ich damit umgehen.

Übung 16

Lehnen Sie sich wieder einmal zurück und stellen Sie sich Ihre Mutter vor. Versuchen Sie in das Gefühl einzutauchen, das Sie als Kind hatten. Spüren Sie, wie vertraut Ihnen ihre Mutter ist. Ihre ganze Energie. Dann machen Sie die selbe Übung zu Ihrem Vater. Spüren Sie mit allen Zellen seine Energie und spüren Sie diese Anteile in sich. Dann werden Sie sich dieser beiden Pole in sich bewusst.

Das, was wir bei unseren Eltern erlebt haben, hat sich im Laufe unserer Entwicklung in uns verankert. Wir sind damit identifiziert und somit ist es uns nicht mehr bewusst. Auch hier haben wir das Gefühl, dass wir einfach so sind. Deswegen ist es immer sehr hilfreich, wenn auch anstrengend, sich mit den eigenen Eltern auseinander zu setzen, denn die Gefechte, die zwischen unseren Eltern stattfinden, finden auch in uns selbst statt. Es sind jetzt Teile in uns, die oft auch eigene Stimmen haben. „Du solltest jetzt aber…"

Und dazu kommt auch noch das eigene Ich, das sich schon immer auch gegen die Eltern gestemmt hat, und stemmt sich jetzt gegen die Elternteile in uns. Deswegen wissen wir oft nicht mehr ein noch aus, es gibt scheinbar keine Lösung. Hier versucht der Kindanteil in uns es wieder einmal allen recht zu machen. Und gleichzeitig kämpft das eigene Ich noch dagegen.

Gleichzeitig gibt mir dieser Kampf jedoch ein sehr stabiles Lebensgefühl. Der Feind steht klar vor mir, bzw. in mir, und ich habe eine klare Aufgabe. Dabei bin ich mit meinen Eltern identifiziert und bin somit auch noch das brave Kind, das den Familiengesetzen treu bleibt. Der unbewusste Vorteil dabei ist: Solange ich mit diesem Kampf beschäftigt bin, muss ich mich nicht mit der eigentlichen Frage meines Lebens auseinander setzen.

Denn diese Frage, die mir gestellt ist, geht viel tiefer. Und die zeigt sich erst, wenn ich den Kampf gegen das Außen beende.

Dabei geht es nicht nur um meine Eltern mit ihren sicht- und erlebbaren Eigenschaften, sondern vor allem auch um die unbewussten Ebenen dieses ganzen Energiestromes meiner Ahnen. Unzählige Erfahrungen von Leid und Freud, Tod und Geburt, Hoffnung und Verzagen, Liebe und Hass, Macht und Machtmissbrauch. Wir haben das alles in uns, in unserem Unterbewusstsein. Deswegen gehen wir immer wieder in unserem Alltag damit in Resonanz. Wenn wir uns nur als unabhängige Person aus Fleisch und Blut mit ihren ganz persönlichen Wünschen und Zielen in der jetzigen Zeit betrachten, dann greifen wir damit vollkommen zu kurz. Das ist im Grunde die Erfahrungswelt des kleinen Kindes. Ich und der Rest darum herum.

Und deswegen hat bei Konflikten jeder Recht, weil jeder Standpunkt das Ergebnis der eigenen Entwicklung ist. Die Prägung. Deswegen kämpfen wir auch bis aufs Messer darum, weil es um unsere Identität geht. Hier gibt es jedoch keine Lösung. Auf dieser Ebene des inneren Kindes oder auch des Jugendlichen mit ihrer Identitätsfixierung gibt es keine Lösung, weil beide Identitäten aufeinander prallen. Und die eine Identität ist genauso viel wert wie die andere, bzw. genauso relativ wie die andere. Vorübergehende Lösung gibt es hier nur in der Macht des Stärkeren. Und wenn beide gleich stark sind, dann erschlagen sie sich gegenseitig oder sie vereinbaren einen Waffenstillstand. Das war auch die Situation im Kalten Krieg zwischen Nato und Warschauer Pakt. Auf dieser materiellen Ebene gibt es nie eine wirkliche Lösung, wenn wir nicht auf die dahinter liegende geistige Ebene schauen. Die Synthese erhalte ich nur, wenn ich die Verhaftung mit These oder Antithese aufgebe. Aus dieser höheren Sichtweise kann ich das Sowohl als Auch der Dualität erkennen. Ja mir wird sogar bewusst, dass das Eine nicht ohne das Andere existieren kann. Es gibt kein Hell ohne Dunkel, kein Leid ohne Freud, kein Links ohne Rechts. Nur die eine Seite der Medaille zu akzeptieren entspringt dem kindlichen Wunschdenken. Da kämpfen die Pole gegeneinander. Das macht die Menschheit jetzt schon seit Jahrtausenden.

In Wahrheit sind wir jedoch vor allem Bewusstsein. Der Körper ist die Lebensgrundlage, ohne ihn geht es nicht. Aber das, was uns eigentlich ausmacht und was die Entwicklung über lange Zeiten trägt, ist unser Bewusstsein. Im Grunde ist uns das nicht neu. Wir kennen alle diese Sprüche wie: Der Apfel fällt nicht weit vom Stamm. Und wir nehmen es einfach als gegeben hin. Der und der ist nun mal so. Ja, bisher stimmt das. Aber: Es muss eben nicht so bleiben. Wir haben die Möglichkeit uns weiter zu entwickeln, es ist sogar unsere Aufgabe. Wenn wir dem Glück, das wir in unserem Leben suchen, zumindest näher kommen wollen, dann müssen wir diesen Weg gehen. Den Weg der Selbsterkenntnis und der beginnt mit den Kinderschuhen.

Je mehr wir den Kampf des kleinen Kindes gegen die äußere Welt loslassen, desto mehr wird uns bewusst, dass diese ganzen Erfahrungen von Leid bis Freud immer Teil der Wirklichkeit sind. So wie wir selbst Teil dieser Wirklichkeit sind. Es gibt auf dieser Ebene keine wirkliche Trennung zwischen mir und dem Anderen. Zwischen meinen Erfahrungen und den Erfahrungen meiner Ahnen. Zwischen meinem Schmerz und deinem Schmerz. Schmerz ist da als Dissonanz und wird erfahren. Freude ist da als Resonanz und wird erfahren. Und diese Dissonanzen und Resonanzen resultieren aus den unzähligen Möglichkeiten der Wirklichkeit. Wenn ich mich als Teil dieser Wirklichkeit von einem bestimmten anderen Teil dieser Wirklichkeit (alles, was mir unangenehm ist) schützen will, dann verhalte ich mich wie das kleine Kind, das die Hände vor die Augen schlägt und damit glaubt, dass es nicht mehr anwesend sei.

Um dies zu verwirklichen müssen wir allerdings erst einmal unsere (kindlichen) Verhaltensmuster kennenlernen und loslassen. Das ist nicht selbstverständlich, denn diese Muster sind in unserer Gesellschaft Allgemeingut und werden sogar oft mit Selbstbewusstsein verwechselt. Dabei ist es eben nur der Trotz des kleinen Kindes, der sich dagegen stellt. Wir haben dann zwar das Gefühl, dass wir für uns selbst einstehen, aber im Grunde sind wir nur mit dem trotzigen Kind identifiziert. Und das ist ein weiterer Punkt, den wir erkennen müssen. Wir bewegen uns als emotionelles Kind nicht unter lauter emotionell Erwachsenen, ähnlich wie wir als wirkliches Kind die Erwachsenenwelt wahrgenommen haben, sondern wir sind emotionelle Kinder unter emotionellen Kindern und spielen nach wie vor unsere Machtspiele wie damals im Sandkasten. Und zu Machtspielen gehört eben einer, der den Mächtigen spielt und einer der den Schwachen spielt. Oder mit anderen Worten, einer der den Brutalen spielt und einer (oder auch eine) der den Sensiblen spielt. Wir können immer beides. Es ist nur eine Frage der Konstellation.

Das Machtgehabe mancher Mitmenschen ist kein Zeichen von Erwachsen sein. Im Gegenteil: Es ist nur die eine Seite des immer gleichen kindlichen Spiels. Der gleiche Mächtige schrumpft beim nächsten noch Mächtigeren zusammen, oder es gibt Krieg. Mit erwachsen sein hat das noch nichts zu tun.

Zur Abgrenzung Kind-Erwachsener schlage ich prinzipiell folgendes vor: Der Erwachsene handelt im Hier und Jetzt der Situation entsprechend zum Wohle aller Beteiligten.

Alles andere würde ich dem kindlichen Wollen oder der jugendlichen Gegenbewegung zuordnen.

Übung 17

Nehmen Sie sich wieder mal 2-3 Minuten Zeit und spüren Sie sich in die vorgeschlagene erwachsene Handlungsweise ein. Vielleicht nehmen Sie dazu eine konkrete Situation aus Ihrem Alltag und versuchen Sie die Qualität wahrzunehmen, die sich durch solches Handeln in Ihrem Gefühl einstellt.

Um diese Qualitäten etwas deutlicher zu machen, möchte ich gern ein paar kindliche und erwachsene Verhaltensweisen gegenüberstellen:

Kinder   **Erwachsene**

wollen alles sofort - können sich zurück halten

sind ichbezogen - sehen sich als Teil der Situation

stehen gern im Mittelpunkt - achten auf Ausgleich

sind unsicher, ängstlich - sind selbstbewusst

sind aggressiv - lassen sich nicht unter Druck setzen

sind impulsiv, unüberlegt - achten auf ihre Energie

powern sich aus - gehen bewusst mit ihrer Kraft um

stehen unter Druck -verfolgen selbstbestimmte Ziele

sind unflexibel   -   haben Handlungsalternativen

sind zornig   -   klären ihre Bedürfnisse

sind fröhlich   -   genießen in Achtsamkeit

machen Unsinn, blödeln   -   haben Humor

machen, was ihnen gefällt - stellen sich der Situation

sind unachtsam   -   achten auf ihr Verhalten

leben oft in der Phantasie   -   sind im Hier und Jetzt

Vielleicht sind Sie nicht mit allen Gegenüberstellungen einverstanden, vielleicht fällt Ihnen auch was anderes dazu ein. Außerdem erhebt die Tabelle natürlich keinen Anspruch auf Vollständigkeit, sondern es geht darum, den einzelnen Qualitäten nach zu spüren. Wie fühlt sich das jeweils an?

Und vielleicht geht es Ihnen auch so wie vielen anderen, dass Sie das Gefühl haben, die meisten kindlichen Eigenschaften den Erwachsenen zuordnen zu können. Aber das zeigt nur auf, wie stark die meisten noch mit diesen Verhaltensweisen identifiziert sind. Es geht auch nicht um ein besser oder schlechter. Die linke Spalte ist einfach typisch für kindliches Verhalten, die rechte wäre typisch für emotionell Erwachsene. Und es bedeutet nicht, dass diese emotionell Erwachsenen nicht mehr fröhlich oder albern sein können. Nein, das können sie sehr wohl, aber sie befinden sich dann eben im inneren Kind. Der wirklich Erwachsene hat die Freiheit zu wählen. Dazu später noch mehr.

Die Arbeit mit den Kindheitsmustern

Das, was diese Arbeit so diffizil macht, ist die Tatsache, dass wir dabei immer an unserer Identität arbeiten. (Identität kann man auch als das bezeichnen, was alles fremde, unverständliche, z.B. neue Gedanken, rigoros von sich weist.) Wir sind mit unseren Emotionen verhaftet und ziehen daraus das Gefühl unseres Selbst. Das empfinden wir als unsere Identität, und wir geben für gewöhnlich alles dafür, sie zu verteidigen. Eben wie der Dreijährige, der unter Zeter und Mordio sich den Anweisungen seiner Eltern widersetzt. Im Grunde haben wir das Gefühl, wenn wir unsere Kindheitsmuster verteidigen, dass wir dann zu uns stehen. So nach dem Motto: „Das hat mir mein Vater schon immer gesagt. Das lasse ich mir von dir nicht vorhalten. Von dir nicht!" Identität hat immer sehr viel mit Emotionalität zu tun. Da steckt unsere Dynamik. Da spüren wir uns. Deswegen fällt es uns so schwer, das los zu lassen.

Als ersten Schritt müssen wir unsere Verhaltensmuster aus der Kindheit erkennen und anerkennen: Ja so war es und etwas in mir reagiert immer noch nach demselben Muster. Gleichzeitig sollten wir aber in Betracht ziehen, dass unser eigentliches Potential jenseits dieser Automatismen liegt, dass insbesondere der Sinn unseres Lebens nicht darin liegt, immer die gleichen Anhaftungen zu verteidigen.

Anerkennen der Kindheitsmuster

Unser Alltag hält unzählige Möglichkeiten für uns bereit, in ein Kindheitsmuster zu fallen. In Begegnung mit Menschen, z.B. in der Arbeit mit Kollegen oder Vorgesetzten. Streitpunkte, Meinungsverschiedenheiten, Machtspiele. Meistens geht es nicht nur um die Sache, sondern es spielen persönliche Animositäten mit, wie Unterlegenheitsgefühle, Rechtfertigungsdruck, Machtausübung und Abhängigkeit, beleidigt sein und Trotz, Aggressionen, Ängste oder Rückzug. Die ganze Bandbreite unseres Gefühlshaushaltes kann ständig rauf und runter erlebt werden.

Das gleiche in Beziehungen. Hier geht es meist noch tiefer, da unsere Bedürfnisse aus der Kindheit nach Anerkennung, geliebt zu werden, Trost und Schutz eher auf die Partnerschaft projiziert werden als auf die Arbeitskollegen. Auf unsere Beziehung projizieren wir unseren Wunsch, wieder ins Paradies eintauchen zu können, in erster Linie. Und deshalb schmerzt uns das am tiefsten, wenn unsere Bedürfnisse dabei nicht erfüllt oder gesehen werden. Wir werden dabei wieder zum kleinen Kind, das sich von der Mutter oder vom Vater verlassen fühlt.

Wenn gerade keine Mitmenschen zur Verfügung stehen, auf die ich meine Ängste projizieren kann, dann kann ich mich immer noch in meine Phantasie zurück ziehen und von irgendeinem wundervollen Paradies auf Wolke 7 träumen, das ich ganz bestimmt irgendwann erreichen werde.

Wir müssen also wachsam sein in unserem Alltag. Raus aus dem Handeln im Affekt. Dazu brauchen wir unser ganzes Reflexionsvermögen und eine besondere Wahrnehmungsfähigkeit, die das intellektuelle Erkennen bei weitem überschreitet. Voraussetzung dafür ist, dass ich wieder Kontakt mit meinem Körper aufnehme. Dass ich meinen Körper wieder spüre, denn der Körper ist das Instrument, das mir die emotionellen Energien anzeigt. Der übersteigerte Intellektualismus in unserer Gesellschaft ist Teil des Problems. Das ist einer der Automatismen, um die Schmerzen nicht mehr wahr zu nehmen. Ein sehr beliebtes Muster bei Männern.

Ich muss also die schmerzlichen Erfahrungen, die ich endlich hinter mir geglaubt habe, wieder zulassen können. Sonst laufe ich Zeit meines Lebens davon. Der Rückzug des inneren Kindes. Der Erwachsene stellt sich der Situation. Die Muster, die sofort intensive Emotionen auslösen, sind dabei noch relativ einfach zu erkennen: Ich werde trotzig, weil meine Frau etwas von mir möchte. Oder ich bin beleidigt, weil sie etwas nicht tut, was ich gerne möchte. Oder ich werde traurig oder gar handlungsunfähig, wenn mir mein Mann nicht alle Wünsche von meinen Lippen abliest, oder den Valentinstag ignoriert. Fühle ich mich dann nicht beachtet? Allein gelassen? Werde ich ärgerlich?

Schwieriger wird die Sache bei Mustern, die nicht sofort eine Emotion auslösen, jedoch in ihrer Summe uns genauso die Energie rauben oder uns unzufrieden machen. Das sind oft ganz alltägliche Handlungen, die man einfach so macht, und die oft auch alle so machen. Bei denen wir vielleicht sogar das Gefühl haben, sie gehören dazu oder sie geben uns etwas.

Z.B. der Espresso im Cafe nebenan, der Ratsch mit der Nachbarin, die abendliche Fernsehzeit, die tägliche Zeitung mit den neuesten Katastrophen. Jetzt werden Sie sagen, daß sind doch keine Automatismen, daraus besteht doch auch unser Leben. „Die angenehmen Dinge des Lebens." Aber prüfen Sie auch dabei einmal, wann es Ihnen eher Kraft gibt oder Kraft nimmt. Es hängt immer von der Situation ab. Und wir kennen alle diese Gespräche, wo wir uns hinterher fragen, was das jetzt gewesen sein soll. Wenn den ganzen Tag über all diese Dinge auf Sie einströmen, dann sind Sie am Abend vielleicht ganz schön geschafft. Dann verlieren Sie Ihre Achtsamkeit und rutschen prompt bei Ihrem Partner/Partnerin wieder in einen alten Streit. Das ist eigentlich Alltag.

Umgang mit den Automatismen

In dem Moment, wo Sie merken, dass Sie in einem Handlungsautomatismus sind, sind Sie schon nicht mehr damit identifiziert. Solange Sie noch kämpfen, sind Sie damit identifiziert. Das Erkennen dieses Kampfes nimmt Sie ein Stück weit heraus und Sie haben somit die Möglichkeit, ihre Energie zu kontrollieren.

Dabei hilft Ihnen die Atmung. Atmen Sie tief und bewusst ein und aus, spüren Sie ihren Körper und die Atembewegung ganz bewusst und atmen Sie dabei möglichst tief in den Bauch. Das heißt, dass der Bauch bei der Einatmung nach außen geht. Und bei der Ausatmung stellen Sie sich vor, wie Sie die Energie dieses Handlungsmusters ausatmen. Atmen Sie dabei durch die leicht geöffneten Lippen. Diese Atembremse erleichtert das Loslassen der Energie. Das bringt Sie wieder ein Stück weit in die Gegenwart, denn der Körper und die Atmung sind in der Gegenwart. Automatismen sind Energiemuster aus der Vergangenheit.

Wenn Sie darin schon etwas geübt sind, dann ist der nächste Schritt das bewusste Wahrnehmen des Automatismus. Also spüren Sie, was da eigentlich passiert. Wie fühlt sich das in Ihnen an? An was erinnert Sie das, vielleicht aus der Kindheit? Wie alt fühlen Sie sich gerade? Acht Jahre, oder drei, oder 12? Geben Sie dieser Energie Raum, ohne sie auszuleben. Es geht darum, die Dissonanz in der jeweiligen Situation auszuhalten und möglichst genau wahrzunehmen. Dabei müssen Sie tief bei Ihrer Atmung bleiben, sonst verspannen Sie. Durch die Atmung aktivieren Sie Energie, die Ihnen hilft, bei sich, zentriert zu bleiben. Sonst ist keine Beobachtung möglich. Und gleichzeitig geben Sie somit Ihrem Unterbewusstsein eine neue Botschaft: Die Situation ist auszuhalten. Ich bin jetzt erwachsen und kann mit solchen Energien anders umgehen. Ich werde davon nicht sterben!

Sie werden dieses Üben immer wieder machen müssen. Die Automatismen kommen immer wieder, aber jedes Mal geht es etwas besser. Bis Sie solche oder ähnliche Situationen nicht mehr aus dem Konzept bringen. Sie werden vielleicht immer noch die Dissonanz spüren, die sich zwischen Ihnen und Ihrem Gegenüber einstellt, aber es gibt keinen Grund mehr, sich minderwertig oder ausgeliefert oder etwas ähnliches zu fühlen. Denken Sie daran: Dissonanz ist da und wird erfahren. Ihr Körper ist Ihr Wahrnehmungsinstrument. Ohne diesen Energieanzeiger würden Sie ständig blind in die Gefahr laufen.

Das ist emotionelle Bildung. Diese Energien, die wir da untereinander austauschen und versuchen zu kontrollieren, sind alle auf der emotionellen Ebene. Das ist die Ebene, die wir in systemischen Aufstellungen darstellen, die die Yogis durch ihre Praxis bearbeiten und auf der sich die Schamanen hauptsächlich bewegen. Nur unsere Kultur hat sich dafür entschieden, diese Ebene dem Zufall zu überlassen. Oder wie viel Zeit haben Sie in der Schule mit solchen Lektionen verbracht?

Überwältigende Situationen

Was eben beschrieben wurde trifft für leichtere Situationen im Alltag zu. Oft gibt es aber ganz heftige Reaktionen, die Sie so nicht in den Griff bekommen werden. Dazu braucht es dann therapeutische Hilfe. Was Sie aber trotzdem tun können ist folgendes: Wenn großer Schmerz und Traurigkeit in Ihnen hochkommt, dann versuchen Sie, sich Zeit zu geben um sich dieser Energie zu stellen. Das sind Anteile ihres inneren Kindes, alte Schmerzmuster, die es jetzt eigentlich zu verabschieden gilt. Trauern Sie! Schmerz entsteht im Grunde dann, wenn wir etwas nicht bekommen, was wir uns wünschen, oder wenn wir etwas wichtiges verlieren, wie einen geliebten Menschen. So ist das Leben. Wir können es nicht ändern. In dem Moment sind wir gezwungen etwas loszulassen. Und zwar eine bestimmte Qualität von Energie. Das hat sich bisher wie ein Teil von mir angefühlt und jetzt fühlt sich das an, wie herausgerissen. Das verursacht den Schmerz. Und die Trauer, die dann kommt, ist der eigentliche Loslaßprozess. Lassen Sie sich darauf ein und trauern Sie. Lassen Sie ihre Tränen zu, das ist Balsam für die Seele. Und seien Sie sich Ihrer Trauer bewusst. Geben Sie diesem Teil in Ihnen, es ist ein Kindanteil, die Chance, diese sich verabschiedende Energie loszulassen. Spüren Sie Ihren Körper, Sie werden wahrscheinlich merken, dass er sich schwer anfühlt. Der Antrieb fehlt. Das sind eigentlich Anzeichen eines Entspannungsprozesses. Durch das Loslassen einer Energie treten wir ein Stück weit in eine Entspannung. Das ist das, was auf der körperlichen Ebene passiert. Der Geist, unsere Gewohnheit will vielleicht daran festhalten, kann nicht verstehen oder nicht akzeptieren, dass es nie wieder so sein wird wie bisher. Aber es hilft alles nichts. Das ist ein Transformationsprozess. Wenn Sie sich an Ihre Kinderschmerzmuster heran machen, werden Sie durch viele solcher Trauerprozesse hindurch müssen. Und das ist nicht angenehm. Deshalb haben Sie ja bis jetzt einen großen Bogen darum gemacht. Und deshalb ist es auch ratsam, therapeutische Hilfe dafür in Anspruch zu nehmen. Denn unsere Muster sind sehr trickreich, wir schaffen das nicht selbst, da wir ja auch damit identifiziert sind. Da braucht es jemanden, der einem dabei liebevoll einen Spiegel vor die Nase hält, und der auch in der Lage und bereit ist, mit einem durch diese Schmerzen zu gehen.

Transformationsprozesse haben die Eigenheit, dass sie uns verändern; und wir wissen nicht wohin die Reise geht. Das macht uns Angst. Deshalb halten wir am Alten fest. Wir wollen zwar den Schmerz loswerden, aber wir wollen uns nicht verändern. Das ist das typische kindliche Muster: Ich bin das Zentrum des Universums und Probleme kommen von außen. Jetzt soll das Problem weggehen und dann geht es mir wieder gut. Die erwachsene Sichtweise ist, zu erkennen, dass wir alle Teil des Universums sind und nicht voneinander getrennt. Freilich, unsere physischen Körper erscheinen sehr getrennt voneinander und auf dieser Ebene führen wir ja alle möglichen Kriege. Aber unsere feinstofflichen Körper, also vor allem die Psyche, unsere Emotionen und der Geist, sind nicht getrennt. Sonst wären Sie nach einem langen Arbeitstag mit vielen Menschen nicht erschöpft.

Was wir hier also tun, ist alles geistige Arbeit. Wir versuchen unsere Energien zu kontrollieren. Damit wir nicht weiterhin automatisch handeln, sondern in jeder Situation von neuem entscheiden können, was jetzt das Vortrefflichste ist. Und das fällt uns vor allem am Anfang recht schwer. Dazu braucht es Übung. Das ist ähnlich wie wenn Sie ein Instrument zu spielen lernen. Es geht darum, immer wieder zu üben, bis die Fertigkeiten in Fleisch und Blut übergehen. Dann geht es auch leichter, weil wir dann einen neuen Automatismus kreiert haben, der der Sache dienlicher ist.

In dem Maße, wie Sie sich diesen Schmerzmustern/Automatismen stellen, erlangen Sie ein Gefühl von innerer Stärke. Die Angst, die Unruhe, die Hektik werden weniger. Das Selbstbewusstsein nimmt zu. Sie sind in der Lage auch in unangenehmen Situationen ruhig die Lage zu beobachten und sich dann in Ruhe für eine Handlung zu entscheiden. Oder sich auch dafür zu entscheiden, nichts zu tun. Denn es gibt keine Verpflichtung auf die Forderung meines Gegenübers auch zu reagieren. Als emotionell Erwachsener bin ich frei in meinen Entscheidungen.

Unsere Energieschilde

Die Schamanen des amerikanischen Kontinents haben sich schon seit Jahrhunderten mit diesen Themen beschäftigt. Deswegen lohnt sich an diesem Punkt ein Ausflug zu ihrem Wissen über unsere Entwicklung als Mensch. Dafür ist es hilfreich, wenn wir erst noch einmal feststellen, wo wir uns bewegen:

Wir kennen alle die drei Begriffe Körper, Seele und Geist. Wobei wir mit Seele für gewöhnlich die emotionelle Ebene bezeichnen. Wir sprechen dann auch vom Seelenleben. Der Körper ist das sicht- und greifbare, das grobstoffliche Wesen, die materielle Ebene. Der Geist beinhaltet die Denkvorgänge: Allen voran unser Intellekt, der abstrahieren und Schlüsse ziehen kann. Aber auch die Fähigkeit der Wahrnehmung, der Erkenntnis ist in unserem Geist angesiedelt.

Als Drittes die sogenannte Seele, also in unserem Sprachgebrauch die Ebene der Gefühle und Emotionen. Das ist die Ebene, die uns im Leben antreibt. Mit der wir uns jetzt die ganze Zeit schon beschäftigen. Die Seele und der Geist wären zusammen die feinstoffliche Ebene gegenüber dem physischen Körper als grobstoffliche Ebene. Letztlich besteht alles aus Energie, auch unser physischer Körper.

Aber für unsere Zwecke wollen wir jetzt die feinstoffliche Ebene als Energieebene bezeichnen.

Übung 18

Es ist wieder mal Zeit, sich zurück zu lehnen und die Augen zu schließen. Versuchen Sie, die gerade beschriebenen Ebenen bei sich wahrzunehmen. Einmal den physischen Körper, mit dem Sie handeln und sich bewegen. Dann Ihren Gefühlsbereich. Wo nehmen Sie den in erster Linie wahr und wie? Und dann Ihren Geist. Wie und wo verorten Sie diesen?

Worüber wir jetzt bestimmt Einverständnis herstellen können ist, dass die feinstoffliche, energetische Ebene nicht von unserem physischen Körper mit seinen bekannten Sinnen wahrnehmbar ist. Also wir befinden uns da in einer anderen Ebene, die wir eben als Energieebene bezeichnen wollen. Das ist ähnlich dem elektrischen Strom, den wir auch nicht sehen können; wenn wir aber in die Steckdose greifen, dann spüren wir die Wirkung in unserem Körper.

Obwohl unsere Gefühle der feinstofflichen, energetischen Ebene zuzuschreiben sind, nehmen wir sie auch örtlich wahr. Deswegen spricht man im Yoga auch vom feinstofflichen Körper. Außerdem wirken sie sich natürlich im physischen Körper aus. Darüber werden wir uns beim Yoga noch Gedanken machen. Ein Teil dieses feinstofflichen Körpers ist die Aura. Die Schamanen sprechen dabei vom Körper-Karma-Rad in dem sich auch unsere ganzen gespeicherten Bilder befinden. Also auch die ganzen Vorstellungen über die Vergangenheit aus denen wir unsere Identität beziehen. Kurz gesagt, das Unterbewusstsein.

Auf Grund dieser Zusammenhänge haben die Schamanen erkannt, dass die Identitäten als Erwachsener und als Kind jeweils verschiedenen Energiezuständen in uns entsprechen. Sie sprechen jeweils von einem Erwachsenen-Energie-Schild und einem Kinder-Energie-Schild. Diese Schilde sind Teil der Aura und bewegen sich nach vorne, je nachdem, ob ich mich im Erwachsenen oder im Kind befinde. Und sie fühlen sich unterschiedlich an.

Übung 19

Machen Sie es sich wieder bequem und machen Sie die Augen zu. Holen Sie sich eine Situation her, in der Sie sich als unabhängiger Erwachsener fühlen. Fühlen Sie ihr Selbstbewusstsein, ihre Stärke und Ihre Eigenmächtigkeit. Sie fühlen sich aufrichtig und aufgerichtet und sehen dem Leben wach und zufrieden entgegen. Fühlen Sie sich so gut wie möglich in diese Wahrnehmung ein. Wie und wo spüren Sie das alles. Wie fühlt sich das an.

Dann gehen Sie in eine Situation als kleines Kind, in der sie sich unwohl fühlen. Vielleicht fühlen Sie sich benachteiligt oder nicht gesehen. Sie fühlen sich einsam und nicht verstanden. Wahrscheinlich nehmen Sie dabei auch Traurigkeit oder Zorn oder Ärger wahr. Fühlen Sie sich auch da möglichst gut ein. Wie und wo spüren Sie das alles. Wie fühlt sich das an?

Dann switchen Sie nochmal zurück in den Erwachsenen. Gehen Sie nochmal in das Gefühl von vorhin und spüren Sie den Unterschied. Und: Wie machen Sie das? Wie gehen Sie von einem Zustand in den Anderen? Was passiert da auf Ihrer Energieebene, in Ihrer Aura?

Dann können Sie jetzt auch einmal versuchen, in die sogenannte helle Seite ihres inneren Kindes zu gehen. Wie gut gelingt Ihnen das, eine Qualität von Verspieltheit und Leichtigkeit zu spüren?

Durch diese Übung wird Ihnen mit der Zeit immer mehr der Unterschied zwischen dem Erwachsenen und dem Kind deutlich. Vielleicht ist anfangs hauptsächlich das verletzte Kind im Vordergrund und der Erwachsene wird ständig verdrängt, weil das Kind lautstark sein Recht einfordert. Vielleicht ist das Gefühl für den Erwachsenen auch noch sehr fragil und Sie wissen gar nicht, wie der sich überhaupt anfühlen soll. Vielleicht kommen Ihnen da nur Bilder, wie andere Erwachsene sind oder wie Ihr Vater oder Ihre Mutter immer waren. Aber mit der Zeit werden Sie diese Qualitäten besser auseinander halten können. Wir machen uns in unserer Gesellschaft diese energetischen Zustände nicht bewusst. Irgendwie ist halt jeder so wie er ist, und so ist er nun mal. Wie eine Schachtel mit hunderttausend Dingen darin und wenn man sie schüttelt, dann klingt es eben irgendwie je nach dem was drin ist.

Wir fangen jetzt aber damit an, rein zu schauen, was drin ist, und versuchen, in die Sache etwas Ordnung zu bringen. Erst müssen wir sehen, was wir dort finden, dann können wir uns über ein System Gedanken machen, wie wir ordnen wollen und dann versuchen wir Stück für Stück auseinander zu halten. Zu alledem kommt immer wieder jemand vorbei, nimmt die Schachtel und schüttelt wieder kräftig, so dass das meiste oder alles wieder durcheinander fällt. Aber jedes Mal haben wir mehr Erfahrung und mehr Übung darin. Und jedes Mal geht´s vielleicht ein kleines Stück besser oder schneller.

Aber es bedeutet natürlich auch immer, dass ich mich jenen Aspekten von mir, denen ich bis jetzt eher davon gelaufen bin, zuwende. Vieles davon muss ich erst wieder kennen lernen, das heißt ich muss die schmerzliche Erfahrung zulassen, ich muss sie aushalten können. Dabei ist Ehrlichkeit und Aufrichtigkeit mir selbst gegenüber gefordert. Und Geduld! Wir sind es eher gewohnt Stärke zu zeigen, sowohl nach außen als auch nach innen. Dabei verdrängen wir jedoch meist unsere wahren Gefühle. Wir versuchen einem Bild zu entsprechen, das wir uns im Laufe der Zeit zugelegt haben. Bin ich bereit, mich wirklich kennen zu lernen? Mich für meine eigene Tiefe zu öffnen? Und alles anzunehmen, was sich zeigt? Solange ich Teile von mir nicht wahrhaben will, werde ich in meinem Leben immer wieder in Situationen gestoßen, mit denen ich nicht zurechtkomme. Denn mit was ich da eigentlich nicht zurechtkomme, ist meine innere Reaktion darauf, das sind diese Teile in mir, die ich nicht sehen möchte.

Ich höre immer wieder, wenn ich Menschen zu einer Familienaufstellung einlade, die Antwort, dass sie da lieber nicht so genau hinschauen wollen. Sie hätten zu großen Respekt vor dem, was sich da zeigen könnte. Das ist genau die Reaktionsweise des kleinen Kindes, das sich die Hände vor die Augen hält, weil es glaubt, dadurch unsichtbar zu werden. Alle Erfahrungen, alle Muster, alle Glaubenssätze, alle Bilder sind in unseren Schilden, also in unserer Aura enthalten. Ob wir das wahrhaben wollen oder nicht, es wirkt sowieso durch uns hindurch. Wenn ich meine Energiemuster allerdings kenne, kann ich anders damit umgehen und sie letztlich sogar transformieren. Wenn ich sie nicht kenne, werde ich immer wieder von ihnen bestimmt und werde in weiten Teilen ein unfreies Leben führen.

Wenn mich eine Situation in ein Schmerzmuster zieht, geht augenblicklich das Kinderschild nach vorne und ich fühle und verhalte mich wie das Kind aus der damaligen Situation. Wenn mir das bewusst ist, dann ist es prinzipiell möglich, dass ich wieder zurück in das Erwachsenenschild gehe und aus einer erwachsenen Haltung heraus der Situation begegne. Je mehr ich darin geübt bin, zwischen den Schilden zu wechseln, desto weniger werde ich auch automatisch hineinrutschen. Es wird mir dadurch immer leichter fallen, in der Erwachsenenhaltung zu bleiben. Schließlich habe ich es irgendwann selbst in der Hand, in welchem Schild ich mich bewege. Das heißt, ich entscheide mein Verhalten und werde nicht mehr länger vom Außen entschieden.

Je mehr ich meine Schmerzmuster löse, desto mehr zeigen sich dann auch die hellen Seiten meines inneren Kindes und das sind dann eben Eigenschaften wie Verspieltheit, Kreativität, Impulsivität und direkter Gefühlsausdruck. Und auch die kindliche Freude.

Der große Unterschied ist jedoch, dass ich als wirklich Erwachsener diese Eigenschaften/Energien bewusst zur Verfügung habe und nicht mehr durch sie bestimmt werde, wie das kleine Kind. Das ist wichtig, denn eine Qualität wie z.B. Kreativität hat im Erwachsenen einen ganz anderen Ausdruck wie beim Kind oder beim Jugendlichen. Natürlich können wir uns auch als Erwachsener der kindlichen Verspieltheit hingeben, das ist sogar sehr wohltuend. Wir sind dann in unserem Kinder-Energie-Schild. Oder wir können kindliche Freude empfinden. Und im nächsten Moment kann ich, wenn die Situation es erfordert, wieder im Erwachsenen sein und entsprechend handeln. Wir sind nicht mehr mit bestimmten Zuständen identifiziert, sondern wir leben einfach verschiedene Ausdrucksweisen unseres Selbst.

Auf Grund dieser Dynamik der Energieschilde halte ich persönlich den Ansatz eines personalisierten inneren Kindes, das ich mir vor mir stehend vorstelle, um mit ihm zu sprechen, für nicht hilfreich. Denn es geht immer um verschiedene emotionelle Energien oder Zustände, die Teil meiner Aura sind und mit denen bewusst umzugehen ich zu lernen habe. Es geht darum, das jeweilige Gefühl bewusst wahrzunehmen und gleichzeitig nicht in einen Handlungsautomatismus zu gehen. Schließlich müssen wir irgendwann anerkennen, dass Emotionen da sind. Immer. Egal ob meine oder die meines Gegenüber. Es sind einfach Energiebewegungen, die wir durch unsere feinstofflichen Zentren unseres Körpers wahrnehmen. Und je genauer ich mich selbst wahrnehme, desto genauer werde ich auch Emotionen von anderen wahrnehmen. Nur wenn ich mich selbst nicht spüre, bleibt mir auch das Spüren meines Gegenübers erspart. Der Ort meiner Wahrnehmung bleibt immer der gleiche, egal was die Quelle der Emotionen ist: Mein feinstofflicher Körper.

Diese Arbeit auf der emotionellen Ebene müssen wir tun, um wirklich erwachsen zu werden. Solange uns diese Energiebewegungen nicht bewusst sind und solange wir nicht bewusst damit umgehen können, bleiben wir abhängig davon. Diese Erkenntnis ist eigentlich nicht neu und wir versuchen ja auch schon lange unsere Gefühle zu kontrollieren. Aber was dabei eigentlich passiert ist, dass wir unsere Gefühle und damit Wahrnehmungen auf der emotionellen Ebene unterdrücken. Wir lassen sie nicht mehr zu, versuchen sie zu vermeiden und geraten dadurch noch mehr in Abhängigkeit, letztlich in die Sucht nach Konsum, um diese Gefühle zu verdrängen. Daher rühren auch unsere ganzen Körperverspannungen: Da wir Gefühle im Körper wahrnehmen, spannen wir den Körper an, um diese nicht mehr zu fühlen.

Die Arbeit mit den Energieschilden hat jedoch noch einen weiteren Aspekt: Wir haben alle sowohl weibliche als auch männliche Anteile in uns, die wir überwiegend, aber nicht nur, über unsere Eltern aufgenommen haben. Eben unsere Prägungen. Das bedeutet, dass wir immer zwei Erwachsenenschilde besitzen und entsprechend auch zwei Kinderschilde. Wir sprechen hier auch von der inneren Familie. Also innerer Mann, innere Frau, innerer Junge und inneres Mädchen. In traditionellen Gesellschaften, in denen die Rollen noch klar getrennt sind, sind vor allem die Schilde stark entwickelt, die dem körperlichen Geschlecht entsprechen. Also bei den Männern der innere Mann und der Junge, bei den Frauen die innere Frau und das Mädchen. In den modernen Gesellschaften, in denen die typischen Geschlechterrollen immer mehr aufgeweicht werden, entwickeln sich auch immer mehr die gegen-geschlechtlichen Energieschilde. Das ist in unserem Zusammenhang eine sehr bedeutende Entwicklung, denn je mehr ich als Mann auch weibliche Aspekte entwickle, desto mehr gelingt es mir, die Qualitäten einer Frau zu verstehen und zu schätzen. Genauso natürlich umgekehrt: Je mehr die Frauen in unserer Gesellschaft in Männerbereiche vordringen und damit auch mehr Erfahrungen in typisch männlichen Qualitäten sammeln, desto mehr ist auch das Verständnis für die männliche Sichtweise möglich. Und gegenseitiges Verständnis ist die beste Zutat für ein friedliches Miteinander. Wenn wir an die schon beschriebenen unzähligen Verletzungen und Gewalterfahrungen zwischen Mann und Frau in der menschlichen Geschichte denken, die sich auch über Generationen immer wieder fortsetzen, dann erahnen wir das Potential, das in der Entwicklung unserer Energieschilde liegt. Wir haben all dieses Wissen über unsere Ahnen in uns; und es liegt an jedem einzelnen, sich diesen Ebenen wieder zu öffnen. Die modernen Gesellschaften haben das Umfeld und dessen Bedingungen einer klaren Geschlechtertrennung schon lange verlassen und stattdessen eine sich gegenseitig durchdringende immer komplexer werdende Welt geschaffen. Die gesellschaftlichen Regeln und Konventionen lösen wir dabei schneller auf, als unsere seelischen Prägungen mithalten können. Die Geschwindigkeit an technischer Entwicklung und damit Veränderung der Lebensumstände der letzten Jahrzehnte steht in einem krassen Gegensatz zu unserer emotionellen Entwicklung. Ein bedenkliches Anzeichen dafür ist die zunehmende Burnout-Rate. Lösen können wir dieses Dilemma nur dadurch, dass wir uns unseren Prägungen stellen und die Abspaltungen wieder integrieren.

Wenn Sie ihre innere Familie gleichmäßig entwickelt haben, haben sie die Wahlfreiheit je nach Situation: Braucht es gerade die Stärke des inneren Mannes oder ist eher die Weichheit der inneren Frau gefragt. Bei der Erziehung unserer Kinder stellt sich diese Frage ständig. Aber vielleicht ist ja auch gerade mein kleiner Junge gefragt, der mit meinem Sohn wilde Raufspiele macht.

Der emotionell Erwachsene hat alle Möglichkeiten zur Verfügung. Diese Erwachsenen-Energieschilde entwickeln sich jedoch erst in dem Maße, wie wir unsere Kinderschmerzmuster heilen. Ansonsten zieht es uns unweigerlich immer wieder in dieses verletzte Kind, das wir einmal waren, bzw. haben wir vielleicht in manchen Bereichen unseres Lebens noch nie ein erwachsenes Dasein erlebt.

Erwachsene Energie

Je mehr Sie es schaffen, bei sich zu bleiben, also nicht Opfer Ihrer Programme zu werden, merken Sie, wie Sie innerlich ruhiger werden. Sie müssen nicht auf jede Bemerkung reagieren, Sie müssen sich und Ihre Beweggründe nicht mehr rechtfertigen, und wenn jemand mit Ihrem Verhalten nicht einverstanden ist, dann können Sie ihm das lassen. Kurz: Sie entwickeln mehr Sicherheit und Unabhängigkeit, weil Sie die Erfahrung gemacht haben, dass Sie nicht verlassen werden und an Einsamkeit sterben müssen, wenn Sie z.B. Ihrem Arbeitskollegen zutrauen, dass er sich um seinen eigenen Kram kümmern kann. Sie entflechten immer mehr die Zuständigkeiten. Keine Erwartungen, keine Vorwürfe, keine Vorhaltungen. Ich gestehe dem Anderen seine Eigenständigkeit zu und nehme meine Eigenständigkeit für mich in Anspruch.

Der wirklich Erwachsene geht mit der Situation und bleibt bei sich. Nicht mein Wille ist ausschlaggebend, sondern das, was in der jeweiligen Situation möglich ist. Das ist dann schon der zweite Schritt: Das Lockern der Verhaftungen oder Identifikationen mit den Erscheinungen des ersten Energiestromes, also mit meinem Umfeld. Das Umfeld, oder der erste Energiestrom, ist nur aus der persönlichen Perspektive das Umfeld. Für jemand anderen werde ich automatisch zum Teil seines Umfeldes. Also besteht natürlich das, was wir als unser Umfeld bezeichnen, immer aus einer bestimmten Ansammlung von individuellen Energien, als zweiten Energieströmen. Das bedeutet natürlich auch, dass wir uns gegenseitig brauchen, damit wir unsere eigene Energie umsetzen können. Wenn ich jedoch nur damit beschäftigt bin, gegen den ersten Strom, also alle anderen, anzukämpfen, dann vergeude ich meine Energie und meine Zeit. Und meine Chance!

Das ist allerdings das, was wir noch hauptsächlich verfolgen: Wir bekämpfen uns gegenseitig. Wir wollen besser sein als die anderen, wollen Karriere machen, wollen nach vorne kommen, eventuell auch Stars werden, oder wenigstens etwas berühmt. Also auf jeden Fall besser als die Anderen.

Die große Frage ist: Wie kann ich meine Energie verwirklichen? Denn scheinbar steht das Kollektiv dieser Verwirklichung oft im Wege. Die Basis, die das Kollektiv im Moment anbietet, ist eben das Streben nach Macht, Reichtum und Anerkennung. Der Stärkere gewinnt. Es geht darum, wie das Ego immer mehr ausgelebt werden kann. Das jugendliche Bewusstsein. Und wenn ich für mich erkenne, dass mich diese Haltung nicht weiterbringt, ja dass es mich eigentlich auslaugt und mich unzufrieden macht, dann muss ich mir etwas überlegen.

Das ist dann der Zeitpunkt, wo Sie vielleicht die ein oder andere Entscheidung treffen müssen. Denn Sie machen vielleicht die Erfahrung, dass die Menschen, mit denen Sie bisher ihre Zeit verbracht haben, Ihnen nichts mehr zu sagen haben. Und dass Ihnen vielleicht auch nichts mehr einfällt, was den Anderen an Ihrem Leben teilhaben lässt. Diese Erfahrungen kommen unweigerlich und es kann gut sein, dass Sie dadurch an Ihrem Vorhaben zweifeln. Und auch Ihr Umfeld wird wahrscheinlich erst einmal an Ihnen zweifeln, denn diese Erwachsenen-Qualitäten sind noch nicht Allgemeingut.

Denn eines ist klar: Wenn für mich die Gesetze einer Gruppe nicht mehr stimmen und ich mich somit langsam aus der Loyalität verabschiede, dann werde ich dafür keinen Applaus bekommen nach dem Motto: Gut dass du selbständig wirst und deinen eigenen Weg findest. Wir bleiben hier und wünschen dir alles Gute!

Dies ist jedoch eine ganz wichtige Erfahrung: Sie merken, wenn Sie wirklich zu sich stehen, dann sind Sie plötzlich allein. Denn dabei geht es um Ihre ganz persönliche Energie, wenn Sie so wollen, Ihren ganz persönlichen Weg. Aber Sie merken auch, dass Sie dieses Alleinsein jetzt aushalten können. Im Gegensatz zum Kind, das Sie einmal waren, das auf das Angenommen sein angewiesen war. Ja Sie werden sogar immer mehr erfahren, dass Ihnen dieses Allein sein gut tut. Dass Sie dadurch mehr Kontakt zu sich und damit zu Ihrem ganz eigenen Antrieb erhalten. Um wirklich zu erfahren, wer Sie im Innersten sind und was Sie ausmacht, müssen Sie Ihrer Energie, die aus Ihrer Tiefe kommt, Raum geben. Und das geht nur, wenn Sie die Verflechtungen mit ihrem Umfeld lösen. Es ist wichtig, dass Sie verstehen, dass mit Verflechtungen die unbewussten Identifikationen mit irgendwelchen gesellschaftlichen Gewohnheiten oder Moden, die nur das kindliche Bedürfnis nach Zusammengehörigkeit bedienen, gemeint sind. Es bedeutet nicht, dass Sie von jetzt an zurückgezogen leben sollen. Im Gegenteil, wie oben schon beschrieben brauchen wir uns gegenseitig als Umfeld. Von was wir uns allerdings zurückziehen sollten, ist das ewige Wiederkäuen der Kindheitsmuster. Erst dann sind wir auch wirklich in der Lage uns gegenseitig beizustehen und auch Mitgefühl zu üben. Schauen Sie sich in Ihrem Umfeld um und prüfen Sie, welche Ihrer Begegnungen Ihren Erwachsenen stärken und welche das Zusammengehörigkeitsgefühl des Kindes.

Mit der Zeit entwickeln Sie dadurch mehr Kraft und Ausrichtung für Ihr Leben. Und Klarheit für Ihren persönlichen Weg. Sie verlieren immer mehr die Bereitschaft, sich zu verbiegen, nur um dazu zu gehören. Die Masse der Beziehungen wird dadurch vielleicht weniger, die Qualität jedoch nimmt zu!

Und noch eine ganz wichtige Erfahrung werden Sie machen: Es ist nicht mehr so wichtig was Sie tun, welcher Arbeit Sie nachgehen. Wichtiger ist, dass Sie die Arbeit in der Erwachsenenpräsenz ausführen können. Und dann geht es eben weniger darum, die eigenen Ziele unbedingt umzusetzen, sondern bei dem zu sein, was die Situation gerade erfordert. Denn alles andere sind ohnehin Wunschvorstellungen und die entstammen aus der Welt des kleinen Kindes und müssen zwangsläufig immer wieder enttäuscht werden. Selbstverwirklichung bedeutet dann nicht mehr das Ausleben des eigenen Egos (der kindlichen Verhaftungen), sondern das Erkennen des eigentlichen Selbst, welches wir in Wahrheit sind.

Ankommen in der Gegenwart

Je genauer Sie darin werden, bei dem zu bleiben, was die Situation gerade erfordert, desto mehr lösen Sie die Identifikation mit der Energiebewegung Ihrer Herkunft. Durch das Lösen dieser Identifikation tritt das Ich nochmal deutlicher zu Tage. Aber dieses Ich ist nicht mit dem Ego des Kindes und des Jugendlichen zu verwechseln. Diese Ebenen des persönlichen Wollens und der Machtausübung sind dann nicht mehr Ihre Ausrichtung.

Es geht eher um die Qualität, die Sie ganz persönlich beisteuern können. Und die ist im Grunde unabhängig von der äußeren Form. Je mehr Sie diese Dinge loslassen, die nicht Sie sind, desto klarer scheint Ihre innerste Energiebewegung auf.

Der Übergang zum Erwachsenen

Mit dem Übergang zum Erwachsenen nimmt also die Identifizierung mit meinem Umfeld ab. Das Kind macht die Augen auf und möchte das, was es sieht, haben. Kinder sind abhängig von ihrem Umfeld, am Anfang sogar noch vollkommen damit identifiziert. Sie leben auch emotionell fast in Symbiose mit ihrem Umfeld. Das ist der wichtigste Punkt für unser Thema. Kinder haben keine emotionelle Unabhängigkeit, sie reagieren einfach auf Emotionen von außen. Auch das ist eine Tatsache, die Sie in Aufstellungen immer wieder beobachten können. Kinder reflektieren ihr Umfeld. Und wenn das Umfeld vor Spannung knistert, dann bleibt ihnen meist nur schreien. Das ist ein Hilfeschrei.

Beim Jugendlichen ändern sich die Bedürfnisse: Das, was als Kind wichtig war, verliert an Attraktivität. Dafür entstehen neue Ziele. Und wenn etwas unerreichbar ist, dann bricht nicht jedes Mal eine

Welt zusammen. Außerdem nimmt das Reflexionsvermögen zu. Aber wie schon gesagt, sind Jugendliche normalerweise immer noch Abhängig.

In den Erwachsenen komme ich, wenn ich mich von der Identifikation mit den Objekten löse, also alles, was außerhalb von mir ist. Dadurch nehme ich mich erst als unabhängiges und auch selbständiges Wesen wahr. Dadurch erst bin ich in der Lage zu abstrahieren, meine Umwelt von außen zu betrachten. Aber auch mich selbst fange ich an, von außen zu betrachten, zu vergleichen, in Frage zu stellen. Dabei entwickelt sich dann auch die Frage nach meinem eigentlichen Selbst. Also wer betrachtet da eigentlich die Welt und sich selbst. Was ist dann eigentlich das Selbst?

Der vollintegrierte Erwachsene

Der vollintegrierte Erwachsene beginnt damit, dass Sie Ihre kindlichen Abspaltungen wieder integriert haben. Sie leben damit weitgehend unabhängig von Ihren Automatismen. Und dadurch leben Sie erst wirklich im Hier und Jetzt. Solange Sie Situationen, Emotionen oder Erfahrungen vermeiden wollen, sind Sie immer latent auf der Flucht. Letztlich auf der Flucht vor sich selbst, denn wir nehmen alles, ob Schmerz oder Leid, nur in uns selbst wahr.

Und haben dadurch auch, wie schon beschrieben, Anteil an allen Erfahrungen des Kollektiv.

Wenn Sie sich ganz der Gegenwart stellen, so wie sie sich gerade zeigt, dann werden Sie die Erfahrung machen, dass sich dadurch in Ihnen etwas grundlegend ändert. Sie öffnen sich dadurch für eine neue Ebene. Hier kommt ihre ganze bisherige Entwicklung vom Kind über den Jugendlichen erst zu ihrem Ziel. Wir sind in erster Linie geistige Wesen. Das, was uns in erster Linie antreibt, passiert auf der feinstofflichen Ebene: Unsere Gefühle, Wahrnehmungen und Gedanken. Die physische Ebene ist die Grundlage, darauf baut alles weitere auf. Aber sie ist nicht der Daseinszweck, dadurch erhalten wir nie die Antworten, nach denen wir in unserem Leben suchen.

Sie leben natürlich nach wie vor in ihrem physischen Körper, aber Sie verlieren immer mehr die Bereitschaft, auf dieser Ebene zu kämpfen. Denn die Ursachen für die Erscheinungen auf der physischen Ebene liegen in der feinstofflichen Ebene. Und hier vor allem im Unterbewusstsein. Je mehr Ihnen Ihr eigener Anteil an einer Situation bewusst wird, desto mehr sind Sie in der Lage und auch Willens, die Verantwortung dafür zu übernehmen. Wenn Sie die volle Verantwortung für sich selbst übernehmen, dann stehen Sie diese volle Verantwortung gleichzeitig auch Ihrem Gegenüber zu und in diesem Moment wird es ganz plötzlich sehr leicht. Keine Erwartung, kein Vorwurf, keine Enttäuschung, keine Verletzung, keine Abhängigkeit, keine Manipulation. In diesem Moment stehen Sie allein, unabhängig und frei. Wenn Sie dann Beziehungen eingehen, werden Sie keine Beziehungsprobleme mehr haben.

Das Ganze ist ein Prozess, das kann man nicht einfach tun. Es beginnt damit, dass Sie damit aufhören auf der dualen Ebene zu kämpfen. Also der alte Kampf zwischen mir und dir, ich und meine Eltern, ich gegen meinen Chef, gegen meine Partnerin, gegen meinen Arbeitskollegen. Stellen Sie diesen Kampf ein und beobachten Sie stattdessen, was die Situationen in Ihnen auslösen. Schauen Sie nur auf Ihre inneren Reaktionen und kümmern Sie sich nur darum. Wenn Emotionen hoch kommen, dann nehmen Sie sich diesen an. Wenn Ärger oder Wut kommt, dann atmen Sie und beobachten Sie diese Emotionen. Bleiben Sie im Hier und Jetzt, versuchen Sie nichts zu vermeiden, nicht zu fliehen, keine Ablenkung. Einfach wahrnehmen und atmen. Sie lernen dadurch ganz wichtige Lektionen über sich selbst. Über Ihre Emotionen, Ihre Kindheitsmuster. Es geht nur darum, dies wahrzunehmen, anzuschauen, wieder zu integrieren, auszuhalten.

Wenn Traurigkeit in Ihnen hochkommt, dann stellen Sie sich dieser Traurigkeit. Lassen Sie sie da sein, spüren Sie dieses Gefühl und atmen Sie. Spüren Sie in Ihrem Körper, wo Sie die Traurigkeit wahrnehmen. Welche Regionen sind davon betroffen, wie fühlt sich das genau an, erinnern Sie diese Gefühle an irgendetwas? Lassen Sie sich ganz auf diese Traurigkeit ein, atmen Sie sich da hindurch und nehmen Sie sich dieses Gefühls an. Und werden Sie sich dessen bewusst, dass Sie das aushalten können. Und dass es vorbei geht. Es ist eine Energiebewegung auf der emotionellen Ebene, die irgendwann wieder zu Ende sein wird.

Das ist die Arbeit, die Sie tun müssen. Sie müssen alles zulassen, alles anschauen, nichts verhindern, alles wieder integrieren. Denn alles was Sie wahrnehmen ist ein Teil der Wirklichkeit. Genauso wie Sie Freude und Glück wahrnehmen und genießen und einatmen und zulassen, genauso sollten Sie sich auch den unangenehmen Gefühlen widmen. Sonst laufen Sie immer einem Teil der Wirklichkeit davon.

Keine Sorge, das bedeutet nicht, dass Sie von nun an als heulendes Elend durch Ihr Leben laufen werden. Denn Sie werden sehr bald die Erfahrung machen, dass Sie durchaus die Kraft und die Fähigkeit haben, sich diesen Gefühlen zu stellen. Und dadurch verlieren diese Gefühle immer mehr die Macht über

Sie. Die Macht, die Sie ihnen selbst zugestanden haben, indem Sie immer davor weggelaufen sind. Angst erfahren wir vor Dingen, die wir nicht kennen, die wir nicht einschätzen können. In dem Moment, wo ich mich der Situation stelle, verschwindet die Angst. Es kann sein, dass es schmerzhaft wird, dass es mich vielleicht auch manchmal überfordert, aber ich werde keine Angst verspüren. Je mehr wir uns unseren Ängsten stellen, also den Situationen vor denen wir bisher davongelaufen sind, desto mehr befreien wir uns vor unseren Kindheitsmustern.

Je mehr Sie den äußeren Kampf einstellen und gleichzeitig nur Ihre inneren Reaktionen beobachten, desto deutlicher wird Ihnen die eigentliche Quelle Ihrer Schwierigkeiten. Je genauer Sie sich beobachten und je feiner Sie in Ihren inneren Wahrnehmungen werden, desto deutlicher zeigt sich, dass Ihre Schwierigkeiten im Leben aus Ihrem inneren Antrieb kommen. Ja Sie werden sich manchmal sogar fragen, ob Sie selbst nicht sogar die Ursache sind für die Probleme die Sie bis jetzt im Außen bekämpft haben. Und was wäre, wenn ich diesen Antrieb, das was da tief aus mir heraus kommt, einfach loslassen würde?

Übung 20

Spüren Sie Ihre Haltung und Ihren Sitz aber verändern Sie nichts. Nach einer Weile wird es Ihnen unbequem werden. Dann nehmen Sie genau wahr, wodurch dieses unbequeme Gefühl entsteht. Ist es weil z. B. ihr Stuhl in den Oberschenkel drückt oder weil Sie mit Ihrem Gewicht gegen den Stuhl drücken? Wenn Sie sich jetzt Erleichterung verschaffen, nehmen Sie dann den Stuhl weg, oder verändern Sie Ihre Körperhaltung? Wer verursacht den Druck?

Denken Sie an eine Situation in Ihrem Leben, die unangenehm ist. Z. B. ein Konflikt mit einem Arbeitskollegen. Der Kollege ist wie er ist und verhält sich dem entsprechend. Das hat sicher viele Ursachen, aber das, was Sie wahrnehmen, was bei Ihnen ankommt ist erst einmal so wie es ist. Dann kommt Ihre Reaktion dazu. Wenn Sie einverstanden sind, werden Sie mit dem was kommt mitgehen. Wenn nicht, dann stellen Sie sich vielleicht dagegen und bauen Druck auf. Wer verursacht den Druck? In der Realität wird sich die Sache nicht so einseitig darstellen. Es ist immer das Ergebnis des Zusammenschwingen von zwei unterschiedlichen Energien/Interessen. Die Frage ist, was ich daraus mache. Will oder muss ich eine Lösung auf dieser Ebene erzwingen, oder wäre es möglich, bei mir zu bleiben, ohne Druck nach außen aufzubauen. Diese Möglichkeit erscheint im Moment vielleicht ungewöhnlich, aber die andere Version ist im Grunde das ewig gleiche Spiel der Macht des Stärkeren. Es erzeugt immer Verflechtung und Gegendruck, da es den anderen Standpunkt nicht als gleichwertig achtet. Im Kollektiv können wir diese Auswirkungen in den ständigen Kämpfen der Nationalitäten oder Religionen gegen einander beobachten. Egal wie lange Staatenbünde existiert haben, wenn sie nicht wirklich zusammengewachsen sind, werden sie früher oder später wieder auseinander brechen. Und das meist mit der ähnlichen kriegerischen Energie, die sie auch künstlich zusammengefügt hat.

Durch dieses Beobachten Ihrer inneren Reaktionen kann der Kampf des Besser oder Schlechter, Mehr oder Weniger, Opfer oder Täter allmählich zur Ruhe kommen. Und je mehr wir die Energie aus diesen Gefechten zurück ziehen, wird Platz frei für eine ganz andere Energie. Das Gefühl des Verbunden seins mit allem. Das ist die Liebe auf der geistigen Ebene. Keine körperliche Liebe, nicht die Liebe einer Mutter zu ihrem Kind, und nicht die abhängige „Liebe" zwischen zwei Teenagern, sondern eine wissende Liebe des Verbunden seins, die sich durch die eigene Öffnung einstellt. Und es wird uns bewusst, dass diese Liebe nichts ist, was wir tun könnten. Im Gegenteil, alles was wir im Außen tun, bringt uns eher weg von diesem Bewusstsein. Wir entdecken eher dass diese Liebe die Grundenergie unserer Existenz ist. Das ist das Dasein des vollintegrierten Erwachsenen. Dieses Erwachsen sein ist ein Sein auf einer anderen Ebene, die jedoch alle vorausgegangenen Ebenen mit einbezieht. Auch das erscheint uns vielleicht neu, da wir es gewohnt sind in Ausschlusskategorien zu denken. Entweder ich bin das oder das, entweder ich bin richtig oder falsch, entweder ich bin Gewinner oder Verlierer. Genau dieses duale Denken hält uns auch auf dieser Ebene fest. In dem Moment, wo ich dieses Denken loslasse, zeigt sich diese neue Ebene des verbunden seins. Sowohl als auch. Alles ist Teil der Wirklichkeit. Es sind einfach verschiedene Farben oder Töne, die in ihrer Gesamtheit die Fülle unserer Existenz ausmachen.

Und hier wird auch deutlich, dass es eigentlich nicht darum geht, wer besser oder schlechter ist, sondern es geht immer darum, dass wir all unseren ganz persönlichen Aspekten gerecht werden. Die persönliche Entwicklung findet darin statt, dass ich immer genauer meiner Energie folge. Aber nochmal: Es geht dabei nicht um unser Ego, dass jeder tut, was er will auf Kosten der anderen. Da sitzen wir den Kindheitsmustern auf. Diese eigene Energie, von der hier die Rede ist, ist die Qualität, die sich in dem jeweiligen Menschen offenbart, zum Wohle der

Gemeinschaft. Zum Wohle des Ganzen, dessen Teil wir sind. Wenn wir nochmal die Analogie zu den Tönen aufgreifen: Eine Sinfonie besteht aus sehr, sehr vielen Tönen, und jeder Ton ist wichtig mit seiner Qualität an seinem Platz. Und erst das Zusammenspiel aller unterschiedlichen Töne mit ihren unterschiedlichen Klangfarben an ihren jeweiligen Plätzen ergibt die vollständige Sinfonie. Und erst die Vollständigkeit gibt jedem einzelnen Ton auch seine besondere Bedeutung und Wirkung im Ganzen, die er als einzelner Ton nicht hätte. Eine andere Analogie wäre unser Körper mit all seinen Organen: Wenn die Leber auf einmal lieber ein Herz sein würde und die Nieren von nun an die Aufgabe des Kreislaufs übernehmen wollten, dann können Sie sich vorstellen, wie lange der ganze Organismus noch funktionsfähig wäre.

Vielleicht empfinden Sie jetzt ein leichtes Unbehagen bei der Vorstellung, dass Sie zu einem funktionierenden Zahnrad für die Gesellschaft reduziert werden könnten. Aber darum geht es nicht! Es geht eben nicht darum, dass von „oben" herab verfügt wird, was jeder zu leisten habe (das haben wir ohnehin schon), sondern es geht darum, dass jeder Mensch sein eigenes Potential entwickelt und seinem Umfeld zur Verfügung stellt. Das ist im Grunde unser sehnlichster Wunsch: Unsere eigenen Qualitäten in einer Gemeinschaft zu verwirklichen.

Und noch einmal auf die Gefahr hin, dass ich Ihnen schon auf die Nerven gehe: Es scheint so, als ob wir das ohnehin tun in unserer freiheitlichen Gesellschaft mit unserem Bildungssystem. Nein, wir tun es nicht, weil wir nur den Intellekt ausbilden, aber nicht die Ebene, die uns eigentlich im Leben antreibt: Unsere Gefühlsebene. Um die eigenen Qualitäten, um die es hier geht, wirklich nach außen zu bringen, müssen wir emotionelle Bildung betreiben. Wir müssen erst emotionell erwachsen werden, dann werden wir sehen, dass unsere Qualitäten als Erwachsener einen anderen Ausdruck haben denn als Kind. Und wir sind es unseren Mitmenschen und den nachfolgenden Generationen schuldig, diese Verantwortung zu übernehmen.

Männlichkeit und Weiblichkeit

Noch ein paar Gedanken zu Mann und Frau. In unserer Gesellschaft verlieren die alten Rollenbilder und Aufgabenverteilungen immer mehr ihre Berechtigung oder Akzeptanz. Gleichzeitig ringen wir um neue Formen des Zusammenlebens. Die Tendenz scheint in Richtung weniger Verbindlichkeit und mehr Öffnung zu gehen. Das heißt, auch hier erleben wir das immer mehr um sich greifen des jugendlichen Bewusstseins, also immer mehr Auflösung. Wenn wir jedoch wirklich neue Formen von

Männlichkeit und Weiblichkeit entwickeln wollen, müssen wir erst emotionell Erwachsen werden. Die alten Rollenbilder waren sehr stark von der Körperlichkeit geprägt. Die Frau durch ihre Aufgabe als Mutter, der Mann durch seine Kraft als Versorger. Diese Grenzen haben wir in den letzten 50 Jahren immer mehr geöffnet und Männer und Frauen üben sich dadurch, immer mehr im Feld des jeweils anderen. Aber 50 Jahre sind nicht viel im Vergleich zu einer Jahrtausende alten Entwicklung. Was wir jetzt haben, ist das Auflösen alter Strukturen ohne jedoch zu wissen, wie es denn funktionieren soll. Wir machen halt irgendwie. Das bringt sehr oft Verunsicherung und Ängste mit sich, da wir inzwischen einen gesellschaftlichen Standard setzen, dem bei weitem noch nicht alle gewachsen sind. Für viele Männer ist es nach wie vor eine Zumutung, traditionell weibliche Aufgaben zu übernehmen und genauso fühlen sich viele Frauen im Feld der Männer unwohl. Die Möglichkeit sich auch im jeweils anderen Feld wohl zu fühlen, hängt von der Entwicklung der Energieschilde ab. Je mehr ich als Mann meine weiblichen Anteile entwickelt habe, desto leichter fällt es mir auch traditionell weibliche Aufgaben zu übernehmen. Diese Entwicklung der Energieschilde ist aber ein Prozess, dessen Geschwindigkeit auch viel mit meiner Herkunft zu tun hat. Das kann man nicht einfach mal bei einem Wochenendseminar lernen.

Aber trotzdem sind wir natürlich in unserer Gesellschaft alle mehr oder weniger aufgefordert, unsere jeweils gegengeschlechtlichen Anteile zu entwickeln. Solange ich jedoch hauptsächlich zwischen Kind und Jugendlichem hin und her pendle, werde ich kaum eine Chance dazu haben. Ich bleibe in der Dualität verhaftet. Als Kind, bzw. im Kinderschmerzmuster, sowieso nicht, da die Themen dieser Zeit noch nicht die sexuelle Identität betreffen, als Jugendlicher auch kaum, weil ich da die Aufgabe habe, erst einmal meine sexuelle Identität zu finden oder zu entwickeln. Deswegen tun sich Jugendliche auch so schwer mit Partnerschaft, da sie vom jeweils anderen Geschlecht zu wenig Ahnung haben. Trotzdem ist der Wunsch natürlich da. Aber die meisten bleiben doch in der Prägung, die sie durch ihr körperliches Geschlecht und die Gesellschaft erfahren haben.

Wie schon beschrieben hängt die Entwicklung der Erwachsenen-Schilde mit der Versöhnung der Kinderschmerzmuster zusammen. Erst wenn ich meine Automatismen durchgearbeitet habe, komme ich in den Erwachsenen und erst dann habe ich die Möglichkeit, unabhängig von den gesellschaftlichen Stereotypen, meine beiden Pole bewusst zu erleben. Und erst dann, wenn Mann und Frau beide im Erwachsenen sind, ist eine Partnerschaft auf Augenhöhe möglich. Sobald einer oder eine in das innere

Kind fällt, wird der andere automatisch zum Elternteil. Das kann auch sehr heilsam sein, wenn sich beide dieser Dynamik bewusst sind und somit bewusst mit dieser Konstellation umgehen können. Also z.B. der Mann fällt im Schmerz in den kleinen Jungen und die Frau übernimmt den mütterlichen Part. Dadurch kann beim Mann auch etwas von diesem Schmerz heilen, wenn er vielleicht als Kind nie diese Mütterlichkeit erfahren konnte. Dies ist aber nur möglich, wenn beide schon zu einem großen Teil den Erwachsenen entwickelt haben, sonst gibt es alle möglichen Verwicklungen und Machtspielchen, die das Problem nur verschlimmern.

Aber wenn beide Partner ihre Erwachsenen-Schilde entwickelt haben, dann ist es möglich und auch bereichernd, verschiedene Facetten der inneren Familie miteinander zu erleben.

Eine Partnerschaft auf Augenhöhe, also unter zwei emotionell Erwachsenen, hat eine völlig andere Qualität. Es bedeutet erst einmal, dass jeder auch sehr gut für sich sein kann, also auch ohne den anderen existieren und sich wohlfühlen kann. Das ist ein ganz wichtiger Aspekt: Erst wenn ich mich mit mir selbst wohl fühle, bin ich unabhängig vom anderen. Wenn ich meinen Partner dazu brauche, dass es mir gut geht, dann bin ich im Kind. Dadurch, dass beide Partner auch gut mit sich selbst zurecht kommen, entsteht zwischen den Partnern mehr Raum und dadurch erhält jeder einzelne auch mehr Raum und mehr Luft zum Leben. Es gibt keinen Druck mehr oder Zwang oder schlechtes Gewissen, weil ich nicht dieses oder jenes getan habe. Das sind alles Verflechtungen zwischen Kindern und Eltern. In einer erwachsenen Partnerschaft kann jeder den anderen so lassen, wie er ist und ihn sogar dafür schätzen, wie er ist. Und trotzdem ist natürlich Unterstützung da, wenn der andere Schwierigkeiten hat. Ja eigentlich ist Unterstützung dann erst wirklich möglich, wenn ich vollkommen frei und nicht vom anderen abhängig bin. In dem Moment, wo beide vollkommen im Erwachsenen sind, entsteht eine ganz neue Art von Partnerschaft. Keine Konkurrenz, keine Machtspielchen, kein beleidigter Rückzug, keine Dominanz, keine Enttäuschung. Es ist einfach ein Feiern der beiden Pole Weiblichkeit und Männlichkeit in ihren verschiedenen Aspekten. Dadurch erfahren wir dann auch, wie all diese Energien durch uns strömen können, ohne dass ich mich an die eine oder andere klammern muss, ohne dass ich mich damit identifizieren muss. Das ist dann auch der Punkt, an dem diese andere Ebene von Liebe auftaucht, die nichts mit festhalten sondern mit immer mehr loslassen zu tun hat. Auch und vor allem loslassen meiner Vorstellungen.

Eine gute Erfahrung auf dem Weg zum gemeinsamen erwachsen werden sind separate Schlafzimmer. In der Nacht, im Schlaf, sind wir emotional sehr offen und empfänglich, da der Intellekt Ruhe gibt. Und so vermischen sich sehr leicht die Energien/Emotionen der beiden Partner, wenn sie nebeneinander liegen. Das kann umso schwieriger werden, je mehr unerlöste Themen aus der Kindheit mitschwingen. Wenn die Frau z.B. negative Erfahrungen mit Männern in der Vergangenheit hatte, dann kann sie die ständige Präsenz der männlichen Energie im Schlaf sehr beanspruchen. Das kann sich im Alltag dann in aggressivem Verhalten zeigen. Wenn die Partner getrennt schlafen, dann hat jeder für sich in der Nacht seinen eigenen Raum, seine eigene Energie. Dadurch kann er oder sie ganz bei sich bleiben, auch den Erfahrungen des Tages nachspüren und etwaigen schmerzlichen Gefühlen begegnen und diesen den Raum geben. Und auch das Erwachen am Morgen passiert dann ganz in der eigenen Energie. Dann habe ich die Möglichkeit, den Träumen der Nacht noch nachzuspüren, mir der Wirkung bewusst zu werden, durch den Körper zu atmen und so langsam wieder aufzutauchen. Sie werden mit der Zeit merken, dass getrenntes Schlafen ihre Energie stärkt und Sie werden ihrem Partner oder Partnerin anders beggnen. Probieren Sie es einmal aus. Das muss auch keine ständige Einrichtung sein, aber von Zeit zu Zeit tut es ganz gut, vor allem wenn Sie selbst in einem schwierigen emotionellen Prozess sind.

Erwachsene Partnerschaften fühlen sich sehr frei an, denn es geht ja nicht nur darum, dass Sie Ihren Partner so sein lassen können, wie er ist, sondern auch, dass Ihr Partner Sie so sein lässt, wie Sie sind. Und dadurch entsteht auf einmal eine große Freiheit, in der sich Ihre persönliche Energie entfalten kann. Dadurch lernt man sich nochmal anders kennen. Wenn Sie dann Kinder bekommen, werden Ihnen viele Probleme erspart bleiben, bzw. Sie werden anders damit umgehen. Vor allem Probleme, die mit Konkurrenz, Eifersucht, Partnerersatz oder Verbündeten zusammen hängen, die zwangsläufig entstehen, wenn die Eltern im bedürftigen Kind sind, werden keine Rolle mehr spielen. Dadurch bleibt auch die familiäre Ordnung gewahrt, dass die Kinder den Eltern folgen und nicht umgekehrt, wenn die Eltern in ihren Kindern die eigene Bestätigung suchen. Das ist alles eine Frage der Energie oder Ausstrahlung, die die Eltern haben. Da muss man gar nicht viel erklären. Und anders herum helfen die besten Worte nichts, wenn ich nicht auch die Autorität dazu ausstrahle, bzw. nicht dahinter stehen kann. Kinder spüren das.

In der Aufstellungsarbeit können wir immer wieder diese Zusammenhänge erleben und es ist jedes Mal sehr berührend, wie auf einmal alles ins Lot kommt, wenn die Eltern in ihre Kraft kommen, also in ihren Erwachsenen eintreten. Deshalb macht es für gewöhnlich auch keinen Sinn, an den Kindern herum zu therapieren, da die Probleme der Kinder Ausdruck des Familiensystems sind. Kinder können gar nicht anders, als der Energie in der Familie zu folgen, sie haben ja keine Alternative.

Erwachsene am Arbeitsplatz

Ich möchte noch kurz die Situation im Beruf, bzw. am Arbeitsplatz beleuchten. Wie schon angesprochen, entstehen hier die meisten Schwierigkeiten nicht auf Grund fachlicher Probleme, sondern durch zwischenmenschliche Differenzen. Die Ursache liegt meist an einem Maximum an Projektion bei gleichzeitigem Minimum an Kommunikation. Oder anders gesagt, die Kollegen triggern sich gegenseitig die alten Kindheitsmuster und es läuft die ganze Palette an unverarbeiteten Emotionen ab. Also Ärger, Wut, Zorn etc., die sich meist auch durch verschiedene Grüppchenbildungen verstärken und so in relativ kurzer Zeit das Klima einer ganzen Abteilung vergiften können. Meist nehmen sich dann auch die Abteilungsleiter zu wenig Zeit für solche gruppendynamischen Eskalationen, oder sie sind dafür auch nicht geschult, und es entwickeln sich Mobbing und Belastungserkrankungen. Als junger Mitarbeiter kann man sich dann noch einen anderen Arbeitsplatz suchen und hoffen, dass es dort besser wird, als älterer Mitarbeiter versucht man dann oft, die Probleme irgendwie auszusitzen. Die Kosten, die den Betrieben durch innere oder äußere Kündigung entstehen sind immens und sie wären bei weitem besser in eine entsprechende Schulung der Mitarbeiter angelegt.

Jetzt stellen Sie sich kurz vor, wenn diese ganze Spirale von Emotionen, Projektionen, Machtkämpfen, innere Kündigung etc. nicht mehr ablaufen würde. Wenn Sie und ihre Kollegen nicht mehr in die inneren Kinder rutschen würden und somit der Kampf beendet werden könnte. Wie könnte dann das Klima in Ihrer Abteilung aussehen? Können Sie sich vorstellen, wie viel Energie das freisetzen könnte, wie das Team, in dem Sie arbeiten, auf einmal Fahrt bekommt? Wie dann der Beruf auf einmal wieder Freude bereiten kann?

Vielleicht kommt Ihnen das utopisch vor, aber es lohnt auf jeden Fall, sich diese Möglichkeiten auszumalen, und wenn es nur das bringt, dass Ihnen bewusst wird, in welchem emotionellen Wirbelfeld Sie im Moment Ihre Arbeit tun, und warum der Alltag so anstrengend ist. Und wenn Sie es für sich selbst lernen, an diesen Spielchen nicht mehr teilzunehmen, dann haben Sie zumindest für sich selbst einen enormen Schritt geschafft. Gleichzeitig entwickeln Sie dadurch Führungsqualitäten, die sich früher oder später in Ihrem Umfeld bemerkbar machen. Denn Führungsqualitäten erlangt man nicht dadurch, dass man eine Führungsrolle innehat, die muss man sich erarbeiten.

Erwachsenen- und Führungsqualitäten

In dem Maße, wie Sie Ihre Automatismen auflösen können, sind Sie in der Lage Ihren Mitmenschen anders zu begegnen. Gleichzeitig sehen Sie auch bei Ihren Mitmenschen diese Zusammenhänge zwischen Verhalten und Automatismus. Sie erhalten somit einen Zugang zu den Hintergründen des sichtbaren Verhaltens. Das geht nicht über die Augen oder die Ohren, sondern über die ganzheitliche Wahrnehmung, die Sie durch diese Arbeit an sich selbst entwickeln. Je mehr uns diese Zusammenhänge bewusst werden, desto mehr verstehen wir auch, dass wir alle im selben Boot sitzen. Wir alle haben durch unsere Eltern und vor allem durch unseren Anteil am kollektiven Unterbewusstsein, also unsere Ahnen, ähnliche Erfahrungen in uns und sind durch ähnliche Automatismen geprägt. Sobald ich meine

Kinderschmerzmuster kennen gelernt habe und auch das ein oder andere loslassen konnte, bin ich auch in der Lage anderen Menschen in solchen Themen beizustehen. Das muss keine therapeutische Arbeit sein, ganz im Gegenteil geht es schließlich darum im Alltag anders zu agieren, um Problemen vorzubeugen. Es geht darum in meinem Umfeld, sei es am Arbeitsplatz, im Verein, in der Gemeinde, in der Familie, wo auch immer, die Erwachsenenqualitäten zu leben und zu einem auskömmlichen Miteinander beizutragen. Und das sind Qualitäten, die Sie als Führungskraft brauchen. Denn wenn Sie Führung übernehmen, egal auf welcher Ebene, dann sind Sie gefordert, mit den Menschen, die Ihrer Führung unterstellt sind, Lösungen auf der emotionellen Ebene zu finden. Immer wieder Verbindungen herzustellen, immer wieder zu kommunizieren und somit Ihre Qualitäten auch weiterzutragen. Nur so kann sich auch in der Gemeinschaft eine andere Qualität des Miteinanders entwickeln. Verordnen können wir es nicht.

4. Yoga – Der Praktische Weg

Sie werden sich jetzt vielleicht fragen, was denn Yoga mit dem Ganzen zu tun hat. Nun, diese Problematik mit unserer emotionellen Ebene ist keine Erscheinung der Neuzeit, sondern schon immer Teil des Menschen. Und deswegen haben sich, wie alle alten Kulturen, auch die Inder seit vielen Jahrhunderten eingehend damit beschäftigt. Übrigens anders als in Europa, als die Auseinandersetzung mit psychischen Prozessen erst Ende des 19. Jahrhunderts, vor allem durch Sigmund Freud, begann. Als Ergebnis ihrer Forschung haben die Inder den Yogaweg entwickelt. Und dieser Weg ist meines Erachtens einzigartig in seinem Vorgehen und in seiner Wirkung.

Yoga ist im Grunde der praktische Weg, um Erwachsen zu werden. Und der ist äußerst hilfreich, um in absehbarer Zeit etwas zu erreichen. Warum?

Eine regelmäßig gemachte Erfahrung von Seminarteilnehmern ist die, dass man voller Energie und Motivation am Sonntagabend nach Hause kommt, um dann voller Elan ab Montag alles anders zu machen. Spätesten nach 2-3 Tagen kommt man dann wieder im alten Trott an und fragt sich, ob die Erfahrungen des Wochenendes nicht eine Fata Morgana waren.

Zwei Dinge sind dabei wichtig zu verstehen:

1. Diese Erfahrung zeigt uns jedes Mal wieder, wie schnell uns unsere Automatismen einholen können, also wie stark unsere Prägungen sind, auf deren Grundlage wir ja auch unser Leben aufgebaut haben.

2. Unsere Mitmenschen waren nicht auf dem Seminar! Sie wissen nichts davon, dass wir ab heute unser Leben umkrempeln wollen und dass wir von nun an nicht mehr diese Gespräche führen wollen, die uns ständig in das vierjährige Kind ziehen usw. usf.

Somit kommen wir zu der meist gestellten Frage auf Persönlichkeits-Seminaren: Wie schaffe ich es, besser bei mir zu bleiben und nicht so viel von meinen Mitmenschen aufzunehmen?

Leider gibt es da keinen geheimen Schalter, der irgendwo in uns angelegt wäre und den wir nur finden müssten. Nein, es geht um die tägliche Übung. Denn der Grund, warum ich nach wie vor so viel von meinen Mitmenschen aufnehme, liegt darin, dass ich mit diesen Energien in Resonanz gehe.

In dem Moment, wo ich in Resonanz bin, habe ich das Gefühl dazu zu gehören. Dann fühle ich mich sicher und angenommen. Das sind die Automatismen des inneren Kindes und die Macht des persönlichen Gewissens. Die sind durch ein kraftvolles Wochenende noch lange nicht ausgelöscht!

Und jetzt kommt Yoga ins Spiel. Der erste Teil des Buches war eigentlich auch schon Yoga, nur in einer anderen, uns bekannteren Sprache. Yoga beschäftigt sich genau mit diesen Themen: Wer bin ich? Was ist meine Aufgabe? Wie kann ich ein erfülltes und glückliches Leben führen? Dabei ist Yoga ein praktischer Weg, denn auch die Yogis haben erkannt, dass wir diese Fragen nicht allein über das Denken lösen können. Yoga bedeutet praktizieren! Und wie, das wollen wir uns im Folgenden anschauen.

Es gibt zwei ganz wesentliche Begriffe im Yoga, die uns eigentlich ständig begegnen:

Viveka und **Vajragia**

Viveka bedeutet **Unterscheidungsfähigkeit**.

Und zwar zwischen dem, was mich meinem Selbst näher bringt und was nicht.

Vajragia bedeutet **Leidenschaftslosigkeit**.

Ob wir den Übergang von der Abhängigkeit von unseren Kinderschmerzmustern in den Erwachsenen schaffen, hängt im Grunde von der Entwicklung dieser zwei Qualitäten ab:

Unterscheidungsfähigkeit und

Leidenschaftslosigkeit

Um das im Einzelnen richtig zu verstehen und zu sehen, warum die Beschäftigung damit so wichtig ist, möchte ich zunächst den Aufbau des Menschen in der Sichtweise von Yoga darlegen.

Die drei Körper und ihre fünf Hüllen

Um sich der einzelnen Funktionen und deren Zusammenhänge bewusst zu werden, wird im Yoga der Mensch in unterschiedliche Ebenen eingeteilt:

Zunächst die drei Körper:

1. Der Physische Körper

2. Der Mentalkörper

3. Der Kausalkörper

Der physische Körper ist das Offensichtliche. Im Grunde das, was unsere Wissenschaft seit ein paar hundert Jahren untersucht, um immer genauer zu erfahren, warum es oft nicht so funktioniert, wie wir es gerne hätten.

Wenn es dann immer noch wehtut, versuchen es manche mit Yoga, in der Hoffnung, dass sie mit ein paar Übungen die Schmerzen wieder loswerden.

Der Mentalkörper enthält alle psychischen und geistigen Prozesse. Im Grunde das, was wir im ersten Teil mit feinstofflicher Körper bezeichnet haben. Auch unsere Lebensenergie zirkuliert in diesem Mentalkörper.

Der Kausalkörper ist unser innerster Kern, die Causa von allem anderen. Dieser Körper ist ganz nah an dem, was die Yogis als das göttliche Selbst bezeichnen. Ja, in der Tat: Das göttliche Selbst, oder wie immer Sie es bezeichnen wollen, ist ein Teil von uns. Oder richtiger gesagt, wir sind ein Teil des göttlichen Selbst.

Diese drei Körper teilen sich in fünf Hüllen auf:

Die physische Hülle entspricht dem physischen Körper und besteht aus den fünf Elementen.

Die **vitale, mentale** und **intellektuelle Hülle** bilden den Mentalkörper.

Die Wonnehülle entspricht dem Kausalkörper.

Zentral wichtig für unsere Zwecke ist der Mentalkörper mit seinen drei Hüllen, die wiederum aus **neunzehn Elementen** bestehen.

Die **Vitalhülle** setzt sich zusammen aus den fünf Organen der Handlung welche sind: Arme, Beine, Sprechwerkzeug, Ausscheidungsorgane und Fortpflanzungsorgane. Dazu kommen die fünf Pranas. Prana ist die Lebensenergie, die durch den Körper fließt. Und diese Energie fließt entlang von bestimmten Kanälen, den Nadis. Sie können sich das wie Ihr

Adersystem vorstellen. Wenn alles offen ist, funktioniert alles wunderbar. Wenn jedoch manche Kanäle verstopfen, gibt es einen Stau. Dann gibt es Probleme. Und dieses Prana bewegt die Organe der Handlung.

Die **Mentalhülle** setzt sich zusammen aus den fünf Organen des Wissens, also unsere fünf Sinne, dem Unterbewusstsein und dem fragenden Geist. Sie arbeitet mit den fünf vorgenannten Pranas.

Die **Geisthülle,** oder intellektuelle Hülle besteht aus dem Intellekt und dem Ego. Sie arbeitet mit den Organen des Wissens.

Die Yogis gehen sehr gründlich vor und deswegen werden die Dinge sehr genau unterschieden. Yoga ist im Grunde die Wissenschaft des Geistes und es wird sehr genau darauf geachtet, alle Bereiche, die uns als Mensch ausmachen, mit ein zu beziehen.

Schauen wir uns einmal exemplarisch an, wie die einzelnen Hüllen miteinander interagieren:

Nehmen wir an, Ihr Chef ist stinksauer auf Sie und hält Ihnen einen entsprechenden Vortrag. Was bei Ihnen ankommt ist einmal die Information, die Sie über Ihren Gehörsinn aufnehmen. Die reine Information erzeugt in Ihnen Zustimmung oder Widerspruch, je nach Wahrheitsgehalt. Gleichzeitig nehmen Sie jedoch die Emotionen ihres Chefs, also seine Wut, direkt wahr und sofort gehen Sie in der emotionellen Hülle in Resonanz. Das kann sich in den unterschiedlichsten Gefühlen zeigen, wie z.B. Angst, Unsicherheit, Wut, Minderwertigkeitsgefühle, Verletzt sein, Rückzug. Meist ist es ein ganzes Bündel an Emotionen, welches dabei angesprochen wird. Das findet alles in der Mentalhülle statt: Das, was wir aufnehmen, wird sofort mit dem Unterbewusstsein abgeglichen. Die Mentalhülle arbeitet mit den Energien der Vitalhülle, die wiederum mit den Handlungsorganen verbunden sind, also dem physischen Körper. Das heißt, es gibt fast sofort eine körperliche Reaktion: Also Sie schreien zurück. Das wäre das Handeln im Affekt. Der Kampf- oder Fluchtmodus.

Jetzt haben wir jedoch auch noch die intellektuelle Hülle und die interveniert gerade noch rechtzeitig und sagt: Wenn du den jetzt anschreist, dann bist du deinen Job los! Der Intellekt unterbricht den Affekt und dann steckt die Spannung im Körper und Sie ballen vielleicht die Fäuste, ziehen die Schultern zusammen und bekommen einen roten Kopf. Das passiert uns in unterschiedlichen Intensitäten mehrmals täglich und nach einem anstrengenden Arbeitstag sind wir dann vollkommen verspannt und emotionell am Ende.

Was passiert da eigentlich?

Wir kommen jetzt wieder zu unseren Handlungsmustern oder Automatismen, die unsere Persönlichkeit oder Identität ausmachen und die wir vor allem in den ersten 3-4 Jahren unseres Lebens angelegt haben.

Im Yoga nennen wir das Samskaras: Feste Eindrücke in unserem Geist. Alles was wir gelernt haben und damit auch öfter wiederholen sind Samskaras. Der Geist hat nun die Eigenschaft ständig in diesen gewohnten Bahnen zu laufen. Das sind unsere Automatismen. Das ist einfacher, als immer alles von Grund auf neu durch zu denken. Das ist bei Routinetätigkeiten wie Zähneputzen oder Autofahren sinnvoll, wenn es jedoch darum geht, den Alltag kreativ zu gestalten, dann ist das schlichtweg kontraproduktiv.

Wenn ich jetzt meinem Umfeld begegne, dann prasseln sofort wieder die ganzen alten Energien auf mich ein. Schließlich habe ich in jahrelanger Arbeit mein Umfeld entwickelt. Menschen die weniger zu mir passen, werde ich eher seltener treffen, Menschen mit denen ich in Resonanz gehe, wie meine Freunde, treffe ich ganz gern öfter und es hat sich eine ganz bestimmte Ebene zwischen uns entwickelt, die mit unseren Persönlichkeiten zu tun hat.

Mit den Arbeitskollegen, die ich mir meist nicht aussuchen kann, funktioniert es eben besser oder schlechter. Das ist so der berühmte gute Draht, den man miteinander hat, oder eben nicht. Der Punkt ist der, dass dabei meist unsere Energiemuster (Automatismen/Kinderschmerzmuster/Handlungsmuster) miteinander in Resonanz gehen.

Egal ob wir jetzt mit unseren Mustern in Resonanz sind (fühlt sich wie Mama oder Papa an) oder in Dissonanz (fühlt sich wie der blöde Onkel oder die komische Tante an), wir reagieren dabei meist auf der kindlichen Ebene und nicht im Erwachsenen. Das stärkt immer wieder die alten Gewohnheiten und das Ziel des vollintegrierten Erwachsenen scheint weiter entfernt denn je.

Übung 21

Denken Sie bitte über ein paar Episoden aus Ihrem Alltag nach, wie Sie jeweils reagiert haben. Haben Sie versucht Resonanz herzustellen? Wie machen Sie das? Was erreichen Sie dadurch? Wie hat sich das dann angefühlt? Können Sie es auch aushalten, keine Resonanz herzustellen?

Das ist genau die Übung, um die es im Alltag geht: Beobachten und Wahrnehmen, was ich tue und aus welchem Beweggrund. Mir meiner selbst bewusst werden. Und deswegen ist der Alltag auch so immens wichtig, da wir unser Umfeld brauchen, das uns immer wieder auf die alten Handlungsstrategien aufmerksam macht.

Wenn wir jetzt jedoch keine Möglichkeit haben, uns immer wieder auf das Eigentliche zurück zu besinnen, dann verlieren wir uns im Geflecht des Alltags, also in dem Sammelsurium aller Kindheitsmuster, die die ganzen beteiligten Mitmenschen in den Ring werfen.

Der Yoga-Weg

Yoga ist im Grunde eine einzige große Reinigungspraxis. Eine energetische Reinigung von unseren ganzen Kindheitsmustern, aber auch von den ganzen Energien, die wir täglich aus unserem Umfeld aufnehmen. Und wie gesagt, wir sind mit unserem Umfeld größtenteils in Resonanz, sonst wäre es nicht unser Umfeld. In einem Umfeld, das Ihnen nichts abgibt, das Sie nicht verstehen und wo Sie nichts zieht, haben Sie keine Probleme bei sich zu bleiben. Im Gegenteil, Sie werden dabei eher mit Einsamkeit zu kämpfen haben.

Sie können es sich folgendermaßen vorstellen:

Sie haben erst einmal ein wunderbares Kanalsystem, durch das Ihre Lebensenergie ungehindert fließen kann. Das wäre eine neue Hardware. Ihre ganzen Erfahrungen, die Sie seit Anbeginn Ihres Lebens machen, hinterlassen Verunreinigungen und Staus in Ihrem Kanalsystem. Diese Veränderung ihres Kanalsystems ist praktisch das perfekte Abbild ihrer gesammelten Erfahrungen. Deshalb wird auch niemand anders die gleichen Veränderungen wie Sie haben. Das ist Ihre Persönlichkeit.

Durch die Yogaübungen beginnen wir dieses Kanalsystem wieder zu reinigen. Wenn Sie 1 Stunde

Yogaübungen machen, fühlen Sie sich wieder entspannter und ausgeglichener. Dann gehen Sie wieder in Ihren Alltag mit den gleichen alltäglichen Gewohnheiten und Begegnungen und Sie lagern wieder die gleichen Verunreinigungen ein. Sie spüren das dann abends als Müdigkeit, Nackenschmerzen, Unzufriedenheit etc.

Wenn Sie jetzt wieder fleißig Ihre Yogaübungen machen, dann kriegen Sie das wieder los. Das hat auch mit Quantität zu tun. Wenn etwas sehr verschmutzt ist und ich wische da nur einmal leicht darüber, dann wird das nicht viel bringen. Nehme ich mir aber Zeit und mache eine Generalreinigung, dann ist das auch länger anhaltend. Dann kann ich mit einer normalen Unterhaltsreinigung das Ganze schon recht gut in Schuss halten.

Also kurz gesagt, da Sie sich jeden Tag wieder in Ihren alten Handlungsmustern bewegen (das können Sie erst einmal gar nicht verhindern), sollten Sie sich auch jeden Tag wieder davon lösen. Das ist wie Zähneputzen. Wenn Yoga für Sie auch einmal diese Selbstverständlichkeit erlangt wie Zähneputzen, dann kommen Sie Ihrem Erwachsen sein einen beträchtlichen Schritt näher.

Ohne diese regelmäßige persönliche Praxis werden Sie sich sehr schwer tun. Die Erfahrungen des Lebens bringen uns zwar ohnehin an unsere Muster.

Wenn wir klug sind, lernen wir jedoch ständig in gut verdaulichen Portionen, bzw. warten nicht so lange, bis es wirklich weh tut. Wenn wir uns unserer Entwicklung verschließen, dann kommt irgendwann der ganz große Happen. Und schließlich dauert das Leben ja nicht unendlich, auch wenn es am Anfang so scheinen mag.

Sie müssen sich trotz Yogaübungen Ihre Kindheitsmuster ansehen und da durchgehen. Das kann Ihnen nichts und niemand auf der Welt abnehmen. Aber Yoga gibt Ihnen zum einen die Kraft, immer wieder dran zu bleiben und zum anderen erhalten Sie durch die Übungen eine Erfahrung, in welche Richtung es geht.

Wenn Sie Ihre Emotionen, im Yoga sprechen wir von der Mentalhülle, immer wieder reinigen und damit in Ausgleich bringen, dann entwickeln Sie eine Referenz in sich, die Ihnen im Alltag immer genauer anzeigt, was Ihnen gut tut und was nicht. Welche Beziehungen förderlich sind und welche nicht.

So bauen Sie Schritt für Schritt Energie auf, die Ihnen in ihrer Qualität auch hilft, mehr bei sich zu bleiben und somit weniger Fremdenergie aufzunehmen. Genauer gesagt, erhöhen Sie die Schwingung Ihrer Energie und gehen somit immer weniger in Resonanz mit den ganzen emotionellen Verflechtungen.

Das ist mit **Viveka** gemeint. Es ist die Unterscheidungsfähigkeit zwischen dem, was mich meinem Ziel näher bringt und dem, was mich davon entfernt. Unser Ziel ist ja erst einmal das Erwachsen werden, also das putzen der Kanäle, damit die Lebensenergie wieder ungehindert fließen kann.

Kommen wir zum zweiten Punkt: **Vajragia**, die Leidenschaftslosigkeit. „Leidenschaft ist das, was Leiden schafft."

Hier geht es um das große Thema der Verhaftungen oder Anhaftungen. Vortrefflich können Sie das bei kleinen Kindern studieren, was Verhaftung heißt. Das, was im Gesichtskreis des Kleinkindes auftaucht, muss es haben und greift danach. Wenn wir ihm das Objekt seiner Begierde wegnehmen, weil es sich verletzten könnte, dann bricht für manches Kind eine Welt zusammen. Dies tun sie dann auch lautstark kund, dass man meinen könnte, es gehe ums Überleben. Das ist Identifikation mit den Objekten. Das beginnt schon im frühesten Alter, ja wie im ersten Teil schon erwähnt, ist es sogar essentiell wichtig für den Neuankömmling, sich mit der Welt (der Objekte) zu identifizieren. Ganz hier in seinem Körper anzukommen und somit immer mehr zu erfahren, dass die Mutter jemand anderes ist, als es selbst. Das ist das Ende des Paradieses. Aber ohne dieses herausfallen aus dem Paradies ist keine Erkenntnis möglich. Das Paradies ist das immerwährende Einheitsbewusstsein. Da gibt es keine Selbsterkenntnis. Um mich selbst zu erkennen, muss ich die Möglichkeit haben, zu Unterscheiden. Zwischen mir und allem anderen.

Durch das zunehmende „Begreifen" der Umwelt nimmt sich das Kind immer deutlicher selbst wahr, was dann, wie schon erwähnt, in der Pubertät in der allmählichen Ablösung von den Eltern gipfelt. Dadurch, dass dieser Prozess der Selbstwahrnehmung und damit der Selbstentwicklung behindert wird und somit die Ablösung von den Eltern nicht oder nur unvollständig vollzogen wird, bleiben wir in unseren Kindheitsmustern stecken und werden erst durch anhaltende schmerzhafte Erlebnisse in unserem Leben dazu gebracht, in die Tiefe zu graben. Da jedoch das Thema Leidenschaftslosigkeit in einem Jahrtausende alten System wie Yoga so eine zentrale Stellung einnimmt, scheint es nicht nur ein Problem der Neuzeit zu sein, sondern vielmehr per se ein menschliches.

Sehen wir uns das noch einmal an, wodurch eigentlich das Leiden geschaffen wird. Sie werden jetzt öfter den Bezug zum ersten Teil des Buches erleben, da es im Grunde immer um das Gleiche geht.

Stellen Sie sich nochmal die Situation im Paradies, das heißt im Bauch der Mutter vor. Das ist das Einheitsbewusstsein. Alles passt, es gibt keine Unterscheidung, es gibt nicht einmal die Idee davon, dass etwas nicht passen könnte. Irgendwann ist dieser Zustand zu Ende und wir nehmen dafür jetzt mal als Zeitpunkt die Geburt an.

Dieser Übergang vom Paradies in unsere bekannte Welt mit eigener Atmung wird für das Neugeborene einen gewissen Schock darstellen. Das ist die erste Konfrontation mit Überlebensangst und alle anderen Erfahrungen von Verlust werden dazu in Bezug gesetzt.

Wenn das Kind von seiner Mutter getrennt wird, entsteht wieder dieses Verlustgefühl und die damit verbundene Überlebensangst. Dieses erste Erlebnis, des Fallens aus dem Paradies schafft das fundamentale Leiden, auf das wir dann unser ganzes späteres Leben aufbauen.

Hiermit beginnt die Dualität!

Und im Grunde versuchen wir das ganze Leben lang wieder in das Paradies zurück zu kommen. Alles was wir in unserem Leben unternehmen, und das ist eine ganze Menge, dient im Grunde nur dazu, diese Spaltung wieder zu überwinden und ins Paradies zurück zu kehren.

Nach der Geburt ist dann unser Ersatzparadies das Zusammensein mit der Mutter. Die Mutter ist die Nährende, Sorgende und Behütende, die uns möglichst alles gibt, was wir brauchen. Irgendwann sollte auch diese Zeit zu Ende gehen und es geht darum, allmählich in die Selbständigkeit zu kommen. Auch hier geht es wieder um einen Ablösungsprozess und der Jugendliche sucht nach neuen Identifikationen, die auch früher oder später losgelassen werden müssen. So stellt sich das Leben als ein ständiger Fluss von festhalten und loslassen dar. Und je mehr wir an Zuständen oder Objekten festhalten, desto mehr leiden wir, wenn wir wieder gezwungen sind loszulassen. Im Grunde versuchen wir mit all den Objekten, die wir im Laufe der Zeit ansammeln, immer wieder unser grundlegendes Leid zu lindern: Das herausfallen aus dem Paradies.

Leidenschaftslosigkeit bedeutet, einen Schritt zurück zu treten. Heraus zu treten aus dieser ständigen Mühle des Wollen und Erfüllen. Denn das, was wir verloren haben, werden wir auf diesem Weg niemals finden. Wir haben das Paradies verloren und die Dualität und damit die Erkenntnis erhalten. Jetzt innerhalb der Dualität zu versuchen, das Paradies wieder zu erlangen indem wir immer irgendwelchen Dingen hinterher rennen, ist doch reichlich naiv, oder anders gesagt Ersatzbefriedigung.

Jedoch, Leidenschaftslosigkeit lässt sich nicht verordnen. Wir können in einer hochgekochten Situation ein paar Mal tief durchatmen, was es eventuell etwas erleichtert, oder wir können uns der Situation entziehen, um uns wieder zu beruhigen, aber im Grunde sind wir erst mal der Energie in uns ausgeliefert. Diese Energie lässt sich durch unser Bewusstsein eben nur bedingt kontrollieren. Und ohne Übung schon gleich gar nicht. Hier kommen wir zu einer wesentlichen Praxis im Yoga, dem

Pranayama

Prana wurde schon erwähnt und bedeutet Energie. Alles besteht aus Energie. Jeder Gedanke, jede Emotion, Bewegung bis hin zur materiellen Ebene. Alles besteht letztlich aus Energie. Und das ist im Yoga das Prana. Yama bedeutet Kontrolle. Demnach ist Pranayama die Kontrolle der Energie.

Im Yoga üben wir das mit Atemübungen, da unser Atem, unsere Energie und unser Geist sehr eng zusammenhängen. Sie kennen den Ausspruch in einer emotionellen Situation: Erst mal tief durchatmen. Wenn wir es lernen, unsere Atmung zu kontrollieren, haben wir auch Kontrolle über unsere Energie und somit letztlich über unseren Geist. Die Pranayamaübungen sind eine sehr effektive Technik, unsere Energien zu kanalisieren und entsprechend schwer fällt dies den meisten, wenn sie damit beginnen. Dadurch wird einem nochmal deutlich bewusst, wie wenig wir ohne Übung die Energie kontrollieren können. Ich werde hier die Übungen im Einzelnen nicht beschreiben, da es dafür, wie auch für alle anderen Yogaübungen, einen persönlichen Unterricht braucht. Es geht mir eher darum, deutlich zu machen, was Yoga eigentlich bedeutet und welches Potential darin steckt.

Also: Unsere Lebensenergie lässt sich kontrollieren! Allerdings nicht, wenn ich seit Jahrzehnten von ihr kontrolliert werde. Wenn ich auf alles, was mir begegnet, reagiere, lerne ich es nicht, mich zurück zu halten. Und das ist jetzt die Übung im Alltag. Mich zurück zu halten bedeutet, meine Energie zurück zu halten und damit in einem gewissen Maße zu kontrollieren.

Wieder können wir das bei Kindern wunderbar beobachten. Alles was sie sehen, wollen sie haben. Und wenn das nicht geht, stellt sich Enttäuschung in den verschiedensten Ausdrucksformen ein.

Impulskontrolle ist etwas, was wir erst mit der Zeit lernen, bzw. anerzogen bekommen. Und auch diese Impulskontrolle ist wichtig für die Entwicklung von Selbstwahrnehmung. Dadurch erhöht sich die Spannung zwischen mir und dem Objekt. Wenn ich ständig sofort in Symbiose mit den Objekten bin, dann wird es schwierig mit der Eigenwahrnehmung.

Dieser Punkt erscheint mir als sehr wichtig: Damit ich das Einswerden mit dem Ganzen irgendwann wieder erreichen kann, muss ich zuerst mich selbst ganz spüren, d.h. mich ganz kennen und dadurch letztlich ganz Erwachsen werden. Sonst verwechsle ich den Weg der Heilung mit der Regression in das kleine Kind, das die Einheit mit der Mutter sucht.

Das ist der ganze Lebensweg: Von der Einheit in das Leben treten, also in die Dualität, sich ganz im Leben verankern, ganz im Hier und Jetzt das Leben zu sein, um dann wieder die Entwicklung zur Einheit zu beschreiten.

Wenn ich also immer alle Objekte, dir mir angeboten werden, konsumiere, entwickle ich keine Selbständigkeit. Eine Gesellschaft, die ihr Miteinander auf den Konsum aufbaut, kann sich nicht weiterentwickeln. Sie bleibt in den Kindheitsmustern stecken. Haben wollen und Enttäuschung. Ständiges Hinterherlaufen den Dingen, die uns vor die Nase gehalten und mit viel Aufwand schmackhaft gemacht werden. Unser ganzer materieller Überfluss basiert im Grunde auf den unerlösten Kindheitsschmerzmustern.

Um die Energie kontrollieren zu können, müssen wir vor allem Zurückhaltung üben. Wenn ich mit der Außenwelt in Kontakt trete, verliere ich einen Teil meiner Energie und nehme gleichzeitig einen Teil der Energie von außen auf. Dabei geht es jetzt weniger um die Quantität als mehr um die Qualität. Wenn ich übermäßig Informationen von außen aufnehme, leidet die Entwicklung meiner Qualität.

Extrembeispiel dafür ist das Fernsehen. Dabei werde ich von Fremdenergie geflutet, ohne dabei mich selbst einbringen zu können. Durch emotionelle Überfrachtung der Sendungen entsteht zudem noch ein direkter Kanal in unser Unterbewusstsein und dabei werden hauptsächlich die unerfüllten Sehnsüchte meines inneren Kindes angesprochen. Daher kommt auch das große Suchtpotential dieser Medien wie Fernsehen und Internet. Hätte jemand Interesse daran, die Menschen in Unmündigkeit zu halten, es gäbe keine bessere Möglichkeit. Denn dadurch füttern wir ständig unsere kindlichen Wünsche.

Bei diesem Beispiel des Fernsehens ist erst einmal Viveka, die Unterscheidungskraft, gefordert: Bringt mich das auf meinem Weg des Erwachsenwerdens weiter, oder nicht?

Und dann brauche ich Vajragia, die Leidenschaftslosigkeit, d. h. ich ziehe meine Energie aus diesem Objekt (Fernsehen) zurück und lasse sie bei mir.

Übung 22

Wenn Sie fernsehen, oder sogar täglich fernsehen, dann lassen Sie den Apparat doch mal eine Woche ausgeschaltet. Spüren Sie, welche Veränderung dies nach die-

ser Woche in Ihnen hinterlässt. Dadurch wird Ihnen bewusst, was das Fernsehen in Ihnen bewirkt. Meistens spürt man das schon nach zwei Tagen.

Diese Übung zeigt uns auch einen bedeutenden Aspekt der Energiekontrolle auf: Wir können die Qualität der Energie, die in uns ist, nicht sofort verändern (zumindest nicht am Anfang). Aber wir können unser Verhalten verändern und dadurch verändert sich die Energiequalität in uns. Das heißt, wir spüren uns dann anders. Und darum geht es: Uns auf eine bestimmte Art und Weise zu spüren. Wenn Sie glücklich sein wollen, dann wollen Sie das Glück spüren und nicht nur darüber nachdenken!

Und das ist der nächste bedeutende Aspekt: Durch mein Verhalten habe ich es in der Hand, wie ich mich fühle!

Diese Tatsache ist gar nicht wichtig genug einzuschätzen, denn das bedeutet, dass ich nicht länger den Emotionen meines Umfeldes ausgeliefert sein muss, sondern dass ich es durch meine Handlungen selbst in der Hand habe, wie es mir geht.

Das fordert natürlich eine Entscheidung von mir: Will ich weiterhin wie ein Kind abhängig von meinem Umfeld leben, oder nehme ich wie ein Erwachsener die Dinge selbst in die Hand und bestimme mein Leben selbst?

Das Neue dieses Ansatzes ist: In der Vergangenheit haben wir versucht, möglichst viel Macht zu erlangen, um andere kontrollieren zu können, jetzt versuche ich möglichst viel Macht über mich zu bekommen, um meine Energie, das heißt meine Emotionen und letztlich meinen Geist kontrollieren zu können. Denn die wahre Freiheit ist die Freiheit des Geistes. Dazu später mehr.

Pranayama bedeutet also erst einmal, sich den Dingen zu enthalten, die uns nicht gut tun. Und solche Dinge finden wir auf allen Ebenen: Gespräche, Kontakte, Unterhaltung, Denken, Ernährung, Arbeit, Beziehungen etc.

Bei allem ist unsere Unterscheidungsfähigkeit gefordert: Tut mir das gut, oder saugt mich das eher aus. Führt es mich zu mir oder eher von mir weg? Und wenn ich merke, dass es mich auslaugt und ich mich nicht mehr spüre, dann übe ich mich in Zurückhaltung bis Enthaltung.

Somit wird Lebensenergie frei für das, was mir wirklich wichtig ist, ja dadurch erfahren wir meist erst, was uns wirklich am Herzen liegt. Wir klären dadurch unsere eigene Energie. Erst wenn ich mich eine Zeit lang dem entziehe, was die Gesellschaft/Wirtschaft meint, was ich unbedingt brauche, werde ich meine wahren Bedürfnisse kennenlernen.

Wir leben heute in Deutschland in einer Zeit des Überflusses und des zwanghaften Konsums, der bei Zeiten auch immer wieder stimuliert wird, damit wir uns unseren Wohlstand auch weiterhin leisten können, so die offizielle Begründung. Das vernebelt unsere Unterscheidungskraft dafür, was uns zuträglich ist und was nicht.

In diesem Zusammenhang wollen wir uns einmal die Qualitäten von Energie ansehen, wie sie im Yoga definiert werden:

Die drei Gunas

Nach der Wissenschaft des Yoga besteht alles, was existiert, aus einem Gemisch von drei Qualitäten von Energie, die Gunas. Je nachdem steht immer eine Energie im Vordergrund.

Die drei Gunas heißen Sattva, Rajas und Tamas.

Tamas ist Trägheit, Schwere, und Fäulnis (z.B. bei Lebensmitteln)

Rajas ist Bewegung in allen Stufen bis zur Überreiztheit

Sattva ist Ausgeglichenheit, Harmonie und Reinheit

Üblicherweise pendeln wir in unserem Alltag hauptsächlich zwischen Rajas und Tamas hin und her. Wir gehen morgens zur Arbeit, haben den ganzen Tag viel um die Ohren (Rajas), vielleicht unterbrochen mit ein paar Durchhängern (Tamas), um dann Abends abgespannt nach Hause zu kommen (Tamas). Nach so einem Tag haben wir jedoch meistens das Problem, dass die ganze Hektik (Rajas) des Tages noch in uns steckt, und wir nicht wirklich zur Ruhe kommen. Dagegen hilft oft Essen und/oder Alkohol (Tamas). Zur „Entspannung" gibt es dann noch Fernsehen (Rajas und Tamas im Wechsel), damit wir dann schlussendlich vollkommen erledigt ins Bett fallen (Tamas), um dann am nächsten Tag das Gleiche wieder von vorne zu starten.

Wenn das dann eine Woche lang so weiter geht, schaffen wir es meist am Wochenende auch nicht mehr, aus dem Stress heraus zu kommen. Insbesondere wenn wir dann noch unter dem Druck der effektiven Freizeitgestaltung stehen, was verständlich ist, da das Wochenende meist die einzige Zeit ist, wo ich das tun kann, was ich möchte.

Vielleicht im Urlaub, wenn er denn 3 Wochen dauert, kommen wir wieder in eine tiefere Entspannung, falls dann nicht die ganzen Emotionen losbrechen, die wir über Monate hinweg angesammelt haben. Aber auch dies ist letztlich hilfreich, damit die ganzen rajasigen Energien wieder aus uns herauskommen.

So nach der zweiten Urlaubswoche, wenn wir dann wieder mehr bei uns angekommen sind, verspüren wir so etwas wie Entspannung und Harmonie in uns. Das nähert sich dann dem sattvigen Zustand.

Ich habe das jetzt etwas überzeichnet, um deutlich zu machen, um was es geht. Allerdings kommen die meisten Leute zum Yoga, weil sie genau das ständig erleben.

Rajas-Tamas, das ist die Polarität, in der wir ständig gefangen sind. In diesen Energiequalitäten erleben wir auch, was es heißt verhaftet zu sein. Wir sind mit dem jeweiligen Zustand identifiziert und haben dadurch auch immer das Gefühl, dass das, was wir gerade erleben, die Realität ist. Und zwar in dem Sinne, dass wir meinen, nur so ist es richtig. Wir verlieren den Blick für alternative Handlungsmöglichkeiten. Da sind wir dann meist auch schon einem Automatismus unserer Kindheit aufgesessen. Wir versuchen dabei ständig von einem Zustand in den nächsten zu wechseln, weil wir ständig das Gefühl haben, nicht angekommen zu sein. Das ist das gefangen sein in der Polarität. Unser alltägliches Hamsterrad, oder auch das ständige davon laufen vor unseren Kindheitsschmerzen. Dabei drehen wir uns meistens im gleichen Kreis.

Die extreme Ausprägung dieser Schaukel von Rajas-Tamas wäre die Bipolare Erkrankung, also Manisch-Depressiv. Die Betroffenen haben dabei überhaupt keine Kontrolle mehr über ihre Zustände, also über ihre Energie.

Durch die Yogapraxis stärken wir das **Sattva**.

Der sattvige Zustand ist das Transzendieren der Polaritäten. Ich fühle mich dann in Harmonie, in Entspannung. Und Entspannung hat nichts mit Trägheit zu tun!

Sattva ist der Ausstieg aus dem Hamsterrad. Wir lockern dadurch die Identifikation mit den Objekten und Situationen und stärken zugleich die Beobachterrolle. Erst dann fange ich an, die Zusammenhänge zu sehen und damit allmählich zu verstehen.

Dies entspricht der erwachsenen Haltung. Die Situation zu sehen wie sie ist, um dann in Harmonie mit dem Gesamten weiter zu gehen. Das wäre natürlich ein idealer Zustand, der in der Realität kaum zu erreichen sein wird. Zumindest nicht, solange wir noch einen Funken Ego in uns haben. Aber es ist der rote Faden, an dem entlang ich immer mehr erwachse.

Wenn Sie Sattva in sich mehren, dann erfahren Sie Zufriedenheit mit den Dingen wie sie sind. Sattva ist das Ruhen in sich, ohne den Antrieb oder den Wunsch, oder den Zwang, etwas erreichen oder verändern zu wollen oder zu müssen.

Keine Sorge, das hält erst mal nicht lange an, und schon kommt wieder das nächste Bedürfnis, und wenn es nur das Bein ist, das vom langen sitzen eingeschlafen ist und sich jetzt meldet. Wenn ich mich dann bewege, ja dann kann ich doch gleich auch aufstehen denn ich hab ja auch noch so viel zu tun. Ich kann ja nicht den ganzen Tag nichts tun (es waren nur 20 Minuten) und, und, und. Da drängt sich dann wieder Rajas in den Vordergrund und Sie tun Ihre Arbeit, sind damit zu Frieden, dass Sie so viel geschafft haben und es geht wieder weiter.

Allerdings haben Sie jetzt eine ganz wichtige Erfahrung gemacht, die sich in Ihr Unterbewusstsein einkrallt (und das umso stärker, je öfter Sie diese Erfahrung machen): Diesen Zustand des in Harmonie seins, einfach da zu sein, ohne Druck und Zwang, ohne Angst und Zweifel, diesen Zustand können Sie selbst kreieren. Und er ist unabhängig von Reichtum und Ansehen. Und: Die Welt im Außen mussten Sie dafür nicht verändern! Sie brauchten dafür nicht einmal Schokolade!

Den sattvigen Zustand erreichen Sie, wenn Sie ihre Energien kontrollieren. Wenn Sie es schaffen, dass Ihr Geist nicht wie ein wild gewordener Affe ständig von einem Objekt/Gedanken zum anderen springt und Ihnen somit befielt wo es lang geht.

Das ist **Pranayama,** Kontrolle der Energie.

Um diesen Prozess zu unterstützen können Sie auch einmal ihre Ernährung betrachten:

Die Qualität unserer Lebensmittel

Da alles, was besteht, aus einer Mischung dieser drei Gunas oder Qualitäten besteht, sind natürlich unsere Lebensmittel auch nicht davon ausgenommen.

Wenn wir in erster Linie rajasige Lebensmittel (also Lebensmittel, die rajas vermehren) zu uns nehmen, dann stärken wir in uns die rajasige Energie. Wir werden nervös, unruhig, verspannt oder auch gereizt.

Wenn wir uns verstärkt tamasig ernähren, dann stärken wir tamas in uns. Wir werden antriebslos, schlecht gelaunt, missmutig, der Körper wird steif.

Schließlich, wenn wir sattvige Lebensmittel bevorzugen, dann stärken wir sattva in uns. Wir kommen innerlich zur Ruhe.

Das heißt, auch auf der energetischen Ebene stimmt dieser alte Satz: „Man ist, was man isst."

Einteilung der Lebensmittel

Sattvige Lebensmittel: Obst, Gemüse (außer Knoblauch und Zwiebelgewächse), Milch und Milchprodukte, Getreide, Nüsse und Samen

Rajasige Lebensmittel: Alles scharfe, Kaffee, schwarzer/grüner Tee, Zucker, Salz, zu heiß

Tamasige Lebensmittel: Fleisch, Fisch, Zwiebel, Knoblauch, Pilze, Alkohol, vergorenes und verdorbenes

Was macht diese Liste mit Ihnen? Regt sich da Widerstand wie: Fleisch ist doch lebenswichtig! Oder: Meinen Kaffee gebe ich nicht auf!

Diese Reaktionen, die in den Yogakursen immer wieder auftreten, wenn ich von Ernährung spreche, zeigen am besten, welchen Einfluss unsere Ernährung auf unseren Mentalkörper hat. Wir suchen unsere Nahrungsmittel nicht in erster Linie aus ernährungsphysiologischen Gründen aus, sondern intuitiv, was am besten zu unserer Energie passt. Oder wie wir es von unseren Eltern gelernt haben, aber mit denen passen wir ja bekanntlich auch gut zusammen.

Unsere Ernährung wirkt auf alle drei Ebenen, also Körper, Emotionen und Geist und im Grunde kann man sagen, dass das vorherrschende Guna Ihrer Lebensmittel die Qualität Ihres Antriebes, also wie Sie auf Ihr Umfeld reagieren, bestimmt. Wenn wir uns überwiegend aus den Bereichen rajas und tamas ernähren, dann steuern wir uns ständig zwischen den Zuständen Erregung und Erschöpfung. Der Kaffee am Morgen und der Alkohol am Abend. Auf der körperlichen Ebene hat das zur Folge, dass unsere Muskeln fest werden, da sie ständig aktiviert werden. Also Sie erhalten einen steifen Körper. Das können Sie durch die Körperübungen gar nicht mehr ausgleichen. Emotionell neigen Sie zu Überreaktionen und Verhaftet sein. Also es fällt Ihnen schwer, den Angriffen Ihrer Kollegen, Partnerin oder wem auch immer gelassen zu begegnen. Und Ihr Denken benutzen Sie dann dafür, Ihre Probleme auf andere zu projizieren oder ihnen aus dem Weg zu gehen.

Ich empfehle Ihnen einmal mit der Ernährung zu experimentieren. Dadurch erfahren Sie, wie groß die Wirkung Ihrer Ernährung auf Ihren Energiehaushalt und damit auf Ihre Emotionen und Ihr Denken ist.

Ein Beispiel: Wenn ich morgens statt Kaffee und Brot nur Obst zu mir nehme, dann habe ich die ersten zwei Tage das Gefühl, dass mir das zu wenig ist. Zu wenig Energie und außerdem zu wenig wach. Ab dem dritten Tag merkt man dann, dass dieses Obst viel leichter verdaulich ist und nicht so belastet. Ich habe also mehr Energie zur Verfügung, was wiederum Auswirkungen auf mein emotionelles Befinden hat. Und die Energie hat auch eine andere Qualität. Es ist nicht mehr die Nervosität, die ich durch zu viel Kaffee erlebe. Vielleicht spornt mich das sogar zu mehr Bewegung an, die dazu beiträgt, dass ich meinen Körper wieder mehr spüre und ich mich letztlich nach einer Woche Obstfrühstück etwas ausgeglichener fühle. (sattva)

Noch ein Aspekt zur Ernährung: Wir nehmen nicht nur die Energie auf, die das jeweilige Lebensmittel bereitstellt, sondern wir nehmen auch die Energie auf, mit der das Lebensmittel transportiert und vor allem verarbeitet wird. Wenn Sie Lebensmittel zubereiten, dann steckt ihre Energie drin, deswegen ist es das Beste, wenn Sie Ihre Speisen selbst zubereiten.

Anders ausgedrückt: Wenn Ihnen der nächste Schweinebraten bei Ihrer Schwiegermutter nicht so gut bekommt, kann es ausnahmsweise auch mal nicht am Fleisch liegen.

Aber wählen Sie auch das Restaurant, in das Sie gehen möchten, einmal nach dem Gesichtspunkt der drei Gunas aus.

In hektischen Schnellrestaurants, bei denen Sie manchmal das Alter des Frittierfettes schon auf der Straße abschätzen können, werden Sie Ihr sattva kaum erhöhen.

Auch der Spruch, „Das Auge isst mit" deutet auf die energetische Wirkung der Zubereitung hin. Also: Seien Sie ruhig wählerisch mit der Ernährung ihres feinstofflichen Körpers. Sie werden es sich danken!

Jetzt machen wir einmal einen kurzen Sprung in den ersten Teil.

Da die entsprechende Ernährung Ihr sattva stärkt und der sattvige Zustand gleichzeitig Ihre Erwachsenenhaltung stärkt, kann es durchaus vorkommen, dass Ihr Umfeld von Ihren neuen Ernährungseskapaden nicht so begeistert ist. Sie kündigen nämlich damit der Gruppenenergie (oder sollte ich sagen dem Gruppenzwang?) Ihre Gefolgschaft auf. Und damit folgt die Prüfung schon wieder auf den Fuß: Stehe ich zu mir, oder passe ich mich der Allgemeinheit an.

Sie werden sich mal so und mal so entscheiden (müssen), je nach Kontext. Wenn Sie sich aber für sich entscheiden, dann werden Sie spüren, wie Ihnen Energie zufließt. Das ist die Kraft des sich Enthaltens.

Interessant ist in diesem Zusammenhang noch folgendes:

Sie wissen vielleicht, dass es säure- und basenbildende Lebensmittel gibt. Da unser Organismus durch den Stoffwechsel ohnehin Säuren produziert, sollten wir überwiegend basische Lebensmittel zu uns nehmen, damit wir nicht in die Übersäuerung kommen. Wenn wir mehr Säuren einlagern, als unser Körper wieder ausscheiden kann, dann wird der Überschuss in der Grundsubstanz (das verbindende Medium, über das auch alle Zellen unseres Körpers ernährt und entschlackt werden) abgelagert. Wenn wir das über Jahre hinweg machen, dann zeigen sich irgendwann alle Arten von Stoffwechselerkrankungen, da der Stoffwechsel blockiert wird. (Man nennt dies auch Zivilisationskrankheiten)

Der übersäuerte Zustand geht auch mit einem übersäuerten Gemüt einher: „Ich bin stinksauer!" haben Sie bestimmt schon mal gehört.

Dieser Zustand der Unzufriedenheit und des verärgert seins ist der übertriebene rajasige Zustand. Um da heraus zu kommen, wird ganz gern mal ein Glas Bier oder Wein genommen, und schon ist unser Kandidat wieder von seinem Trip herunter. Er ist jetzt im tamasigen Zustand und hat somit das Gefühl etwas entspannter zu sein.

Menschen, die zu Trägheit und Depression neigen, essen ganz gern Süßigkeiten um sich wieder mit Antrieb zu versorgen, also rajasige Energie. Und so sind wir wieder in unserem Ping-Pong-Spiel.

Wenn Sie sich hauptsächlich von Lebensmitteln aus dem rajas/tamas-Bereich ernähren, werden Sie kaum aus diesem Hamsterrad heraus kommen. Tut mir leid, aber so ist es.

Wie weit Sie das alles treiben wollen, ist Ihre Entscheidung und Sie können das auch nicht einfach aus einer Kopfentscheidung heraus umsetzen. Aber es ist gut, diese Zusammenhänge zu kennen, dann können Sie zumindest je nach Gegebenheit dagegen steuern. Es geht auch nicht um schnelle Lösungen; die funktionieren nie! Im Gegenteil, es geht darum, dass wir immer genauer die komplexen Zusammenhänge erkennen, in denen wir unser Leben entwickeln. Schnelle Lösungen entspringen dem kindlichen Wunschdenken und schaffen mehr Probleme als vorher. Das ist die begrenzte kindliche Sichtweise, die nur ganz wenige Aspekte der Realität aufnimmt und sich damit ihre Welt konstruiert.

Übrigens, wenn Sie schon einmal Yogaübungen gemacht haben und sich wundern, wie verspannt Ihre Muskeln sind: Das ist eine körperliche Auswirkung von rajas/tamas. Und: Die Lebensmittel der Kategorien rajas/tamas sind überwiegend säurebildend!

Zum Schluss dieses Kapitels noch ein Spruch, den Sie möglicherweise auch kennen: „Essen hält Leib und Seele zusammen." Steckt da vielleicht ein altes Wissen dahinter, dass der Leib, also der Körper und die Seele zwei verschiedene Dinge sind?

Die Körperübungen - Asanas

Yoga wird in unserem Kulturkreis meistens mit den Körperübungen identifiziert. In Wirklichkeit sind diese sogenannten Asanas jedoch nur ein Nebenaspekt des Yoga. Trotzdem haben diese Übungen natürlich eine tiefgreifende Wirkung und sind auf jeden Fall eine gute Möglichkeit in die Welt des Yoga einzusteigen.

Wenn wir damit beginnen, spüren wir in erster Linie unsere ganzen Verspannungen und verkürzten Muskeln. Das ist unser Körperpanzer, den wir uns zugelegt haben, um die Gefühle nicht mehr zu spüren. Die Ausrichtung auf dieser Ebene ist, die Muskeln zu dehnen und zu stärken. Denn meist haben wir zu einem verkürzten und verspannten Muskel einen zu langen und zu schwachen Gegenspieler. Zwischen beiden versuchen wir wieder ein Gleichgewicht herzustellen. Somit kommt der Körper schließlich wieder in seine natürliche Haltung und Beweglichkeit.

Der nächste Aspekt ist die Wirkung auf die inneren Organe und die Drüsen, deren Funktionen harmonisiert werden sollen. Dies geschieht durch Druck oder Zug auf die entsprechende Region. Insbesondere die Verdauung und das Kreislaufsystem werden durch die Übungen sehr positiv angesprochen.

Wenn Sie das alles genauer wissen wollen, gibt es dazu inzwischen eine ganze Galerie guter Bücher, die die physischen Wirkungen der Asanas auflisten.

Für unsere Zwecke wollen wir vor allem die energetische Wirkung der Asanas betrachten, denn hier haben wir Zugang zur emotionellen Ebene.

Asana heißt zu Deutsch erst einmal der Sitz. Ursprünglich war damit die ruhige Meditationshaltung gemeint. Es werden damit aber auch allgemein die Yogastellungen bezeichnet. Und auch die Yogastellungen haben diese besondere Eigenschaft: Es sind ruhige Stellungen.

Das Unterscheidet Yoga schon mal deutlich von irgendwelchen Fitness- oder Physiotherapie-Programmen.

Der Kern einer Asana ist das ruhige Halten um die Energie ins Fließen zu bringen. Das eigentlich besondere an den Yogaübungen ist, dass sie in erster Linie auf die energetische Ebene einwirken.

Wenn Sie regelmäßig Asanas machen, werden Sie merken, dass es manchmal besser und manchmal schlechter geht. Gestern konnten Sie sich noch ganz gut dehnen, heute scheint alles viel kürzer geworden zu sein. Das hat sicherlich verschiedene Ursachen.

Eines ist jedoch klar: Wenn wir den Körper nur auf der physischen Ebene begreifen und Muskeln wie Gummibänder sehen, die man einfach lang ziehen kann, dann springen wir zu kurz. Die Dehnung der Muskulatur ist in der Asana ohnehin nur sehr wenig möglich. Nein, es geht eigentlich um etwas anderes:

Durch die regelmäßige Übung putzen wir unsere Energiekanäle frei und somit kommt die Energie wieder in Fluss. Das spüren Sie in Ihrem Körper in mehr Flexibilität. Das, was unseren Körper verspannt und steif macht, ist der Kampf unserer Samskaras oder Kindheitsmuster gegen den jetzigen Augenblick. Dieses Auffahren der Geschütze um das eigene Leben zu sichern. So hat es das kleine Kind erlebt und so erlebt es Ihr Unterbewusstsein immer noch in der entsprechenden Situation.

Was passiert in einer Notfallsituation auf der körperlichen Ebene? In unserem Stammhirn gibt es ein ganz altes Programm, das wir auch mit den Tieren teilen. Das ist der Flucht oder Kampf – Mechanismus. Wenn Gefahr droht, erhöht sich der Herzschlag, der Blutdruck steigt an, wir atmen schneller und die Verdauung wird eingestellt. Das sind Wirkungen des Sympatikusnerv, um dem Körper die nötige Energie für Flucht oder Kampf zur Verfügung zu stellen. Wenn wir jetzt Kämpfen oder Fliehen würden, würden wir die Energie nutzen und verbrauchen, wären vielleicht erschöpft, aber die Sache wäre erledigt.

Meist erkennt unser Großhirn in unserem Alltag allerdings, dass die Situation nicht so bedrohlich ist, sondern nur unser Arbeitskollege wieder mal die Tür hinter unserem Rücken zugeschmissen hat und wir bleiben auf unserem Stuhl sitzen. Mit Herzklopfen, erhöhtem Blutdruck, tief atmend und mit Verstopfung. Die Energie sitzt fest. Das passiert in unterschiedlicher Heftigkeit den ganzen Tag über. Vor allem die Situationen, die Ihre Kindheitsmuster aktivieren, also sehr emotionell besetzt sind, haben große Auswirkung auf unseren Energiehaushalt. Das heißt, wir mobilisieren in solchen Momenten sehr viel Energie für unsere Abwehrmechanismen. Alles was auf uns einströmt hinterlässt aktivierte Energie in unserem Körper. Wenn Sie dann abends nach Hause kommen, haben Sie Nackenschmerzen, Kreuzschmerzen oder Kopfweh. Den Rest kennen Sie ja schon: Bier, Fernsehen, Bett, nächster Tag nicht mehr ganz so frisch und munter das Gleiche von vorne.

Das steckt alles in Ihrem Körper. Ab und an mal eine Massage tut ganz gut, ändert aber nichts an der grundsätzlichen Misere.

Täglich 30-60 Minuten Asanas ist Wellness pur!

Sie reinigen Ihre Energiekanäle wieder und jetzt kommt eine der wichtigsten Erfahrungen, die uns die Yogaübungen schenken: Ihr Unterbewusstsein (diese Ebene mit den Kindheitsmustern) lernt, dass Sie sehr wohl in der Lage sind, für sich selbst zu sorgen. Dass Sie nicht mehr von Mama oder Papa (oder Ihrem Partner) abhängig sind, sondern die Fähigkeit haben, das Leben selbst zu meistern!

Und wenn unser Bewusstsein diese Erfahrung auch noch mitkriegt, umso besser.

Das war für mich damals als 17jähriger der auslösende Punkt, warum mich Yoga nicht mehr losgelassen hat. Die Erfahrung, dass ich selbst etwas tun kann, damit es mir besser geht.

Und das ist auch einer der größten Vorteile des Yogaweges: Sie können es selbst tun! (Erwachsenenhaltung)

Der Nachteil von Yoga (Kindhaltung): Sie müssen es selbst tun!

Wenn Sie regelmäßig Asanas machen, sollten Sie irgendwann unbedingt eine Stufe weiter gehen. Bis jetzt haben Sie vielleicht fleißig Ihre Übungen gemacht und sich an deren Wirkungen erfreut. Aber wenn Sie nur die Körperübungen aus dem Yoga picken, werden Sie zwar auf einem ganz anderen

Energieniveau leben als bisher, aber Sie bleiben doch in dem ständigen Wechsel von Alltag – Asana. Das ist erst einmal nur Wellness-Programm.

Als nächstes sollten Sie beobachten, wie Sie die Übungen ausführen. Mit welcher Haltung, mit welcher Motivation gehen Sie in die Asana? In welcher Qualität halten Sie die Asana? Was sagt die momentane Stellung über Sie aus? Was will ich erreichen? Oder kann ich mich der Stellung einfach hingeben, ohne Erwartungshaltung? Wie gehe ich mit mir in den Stellungen um? Kann ich es so akzeptieren wie es ist, oder suche ich im Yoga die Bestätigung, die mir als Kind immer gefehlt hat?

Sie merken schon, wo das hingeht. Es ist einfach eine Tatsache, dass ich mein ganzes Leben aus meinen Kindheitsmustern heraus gestalte. Und egal was ich tue, wenn ich genau hinsehe, dann kann ich meine Motivation erkennen, die dahinter steckt.

Die Asanas, diese ruhigen Stellungen, sind das ideale Werkzeug, diesen Mustern nach zu spüren, mich ein zu lassen und bei mir zu bleiben. In jeder Haltung steckt eine Botschaft, die mir Hinweise zu meinem Unterbewusstsein geben kann. Hier habe ich den Raum, im Gegensatz zum Alltag, wo ich meiner Identität nachspüren kann.

Und damit stärken Sie vor allem auch Ihr Selbstbewusstsein, indem Sie sich die Zeit und Muse zugestehen, diese Übungen dem Alltag entgegen zu halten. Außerdem enthalten Sie sich damit auch den Verlockungen der Unterhaltung und ziehen Ihre Energie nach innen. Sie setzen damit dem Alltag definitiv eine andere Energie (Sattva) entgegen. Diese Entscheidung kommt für sich schon aus der erwachsenen Haltung.

Und zusätzlich lernen Sie durch die Körperübungen des Yoga sehr viel über Ihr rajas und tamas.

Rajas ist z.B. dafür verantwortlich, dass Ihnen das zu langweilig ist, eine Stellung drei Minuten zu halten, bzw. dass Sie beim üben schon daran denken, was Sie hinterher machen werden.

Tamas verhindert, dass Sie überhaupt damit anfangen, Übungen zu machen, weil Sie keine Lust haben. (Neudeutsch heißt das auch: keine Zeit)

Die Chakras – Themen unseres Lebens

Die Quantenphysiker und die Yogis postulieren die gleiche Erkenntnis: Alles besteht aus Energie! Die unterschiedlichen Erscheinungsformen sind Ausdruck unterschiedlicher Frequenz.

Das gilt auch für die verschiedenen Ebenen bei uns Menschen. Was für uns selbstverständlich ist, weil wir ständig damit umgehen, ist die Tatsache, dass wir ganz unterschiedliche und voneinander getrennte Wahrnehmungsfähigkeiten haben. Da gibt es einmal die körperlichen Wahrnehmungen, deren Spektrum von der leichten Berührung bis zum Schmerz geht. Wir haben akustische Wahrnehmungen, deren Spektrum von ca. 16Hz bis 16000Hz reicht, visuelle mit einem Bereich von Violett bis Rot. Und neben diesen sinnlichen Wahrnehmungen haben wir auch emotionelle Wahrnehmungen von Freude bis Trauer und geistige Wahrnehmungen, also solche Phänomene wie Gedankenübertragung. Für alle diese verschiedenen Ebenen von Wahrnehmungen, für alle diese verschiedenen Formen von Energie haben wir jeweils bestimmte Zentren, die diese Wahrnehmungen für unser Bewusstsein aufschließen. Das, was für die Sinneswahrnehmungen die Sinnesorgane sind, sind für die anderen Wahrnehmungen die Chakras. Chakra bedeutet Rad und es geht dabei um Energieräder.

Die Yogis sprechen von sieben Hauptchakras, die sich alle auf der Mittelachse unseres Körpers befinden. Und diese Hauptchakras sind thematisch auch unseren Hüllen zuzuordnen.

Übung 23

Machen Sie bitte kurz die Augen zu und versetzen Sie sich gedanklich in eine traurige Situation, die Sie schon einmal erlebt haben. Wie und wo spüren Sie das? Dann stellen Sie sich eine Situation vor, in der Sie voller Freude waren. Wie und wo spüren Sie das?

Höchstwahrscheinlich werden Sie beide Erlebnisse nicht in den Beinen oder Armen gespürt haben, sondern auf der Vorderseite Ihres Rumpfes. Je nach Ihrem Erlebnis kann sich die Wahrnehmung vom Beckenbereich bis in den Kopf ausdehnen, möglicherweise auch nur vom Brust- bis in den Bauchbereich. Darüber machen wir uns eigentlich nie Gedanken, aber es ist doch interessant, dass wir diese Emotionen/Energien zentriert auf der Vorderseite unseres Körpers wahrnehmen. Was Sie da eigentlich wahrnehmen ist die Arbeit Ihrer Chakras.

Je nach dem, um welchen Aspekt es geht, sind unterschiedliche Chakras betroffen. Um das verständlicher zu machen, schauen wir uns einmal die einzelnen Chakras mit ihren jeweiligen Themen an:

1. Muladhara Chakra

Das erste Chakra, auch Wurzelgeflecht genannt, liegt am Ende der Wirbelsäule und ist nach unten ausgerichtet. Themen dieses Chakras sind die grundlegenden Lebensfunktionen auf der körperlichen Ebene. Essen, Trinken, Ausscheiden und Schlafen sichern das Überleben. Als Säugling muss dies von den Eltern übernommen werden. Später geht es in diesem Zentrum auch darum, für mich selbst sorgen zu können. Wenn die Lebensgrundlagen nicht gesichert sind, kann kaum weitere Entwicklung stattfinden.

Schwierigkeiten mit diesen Themen am Anfang des Lebens, wenn ich z.B. bei der Geburt schon ums Überleben kämpfe, können sich sehr lange im Leben auswirken, da hier schon die Basis geschwächt wird.

Auch die Sexualität ist in diesem Chakra angelegt, wirkt aber auch noch in das zweite Chakra hinein. Sie sichert den Fortbestand der Gattung. Dieses Chakra steht in Verbindung mit der physischen Hülle.

2. Swadisthana Chakra

Das zweite Chakra, auch Sakralgeflecht oder Geborgenheitszentrum genannt, liegt zwischen Schambein und Bauchnabel und ist, wie die nächsten vier Chakras, nach vorne ausgerichtet. Hier geht es um die Qualität des im Körper „wohnen". Das in mir Ruhen, bei mir ankommen können, einen guten Kontakt zur Körperlichkeit herstellen können. Aber auch darum, den Platz in meinem Leben zu finden und einnehmen zu können. Das verankern im Leben. Die Japaner bezeichnen dieses Zentrum als Hara, die Erdmitte des Menschen. Es entspricht auch der körperlichen Mitte und Sie können kaum eine Bewegung ausführen, ohne dieses Chakra zu aktivieren.

Wenn wir darin ruhen können, dann treten wir dem Leben gelassen gegenüber. Diese Gelassenheit wird sich jedoch nur einstellen können, wenn die Lebensgrundlagen (1. Chakra) gesichert sind.

Die materiellen Lebensgrundlagen sind in unserer Gesellschaft meistens gesichert. Oft fehlt es jedoch an emotionellen Grundlagen um ein Gefühl der psychischen Sicherheit, also des in mir Ruhens, zu entwickeln.

Diese Qualität setzt voraus, dass ich in meiner Entwicklung, vor allem als Kind, die Erfahrung machen konnte, dass ich in Ordnung bin, so wie ich bin. Dass ich mich nicht verbiegen muss, um anerkannt oder geliebt zu werden. Das wird in der Realität selten zu 100% der Fall sein, sodass sich die Gelassenheit nicht automatisch einstellen wird. Denn hier geht es schon um Themen, die nicht nur das direkte Erleben betreffen, sondern auch weitergegebenes aus vorigen Generationen. Also z.B. auch die Kriegserfahrungen der Großeltern oder Urgroßeltern, die sich als mangelnde Geborgenheit bis Unsicherheit weiter ziehen. Wenn Sie aus einer Vertriebenenfamilie stammen, dann haben Sie sicher eine andere Selbstwahrnehmung, als wenn Ihre Familie schon in vierter Generation am selben Platz lebt. Die Themen der ersten beiden Chakras können wir der Bewusstseinsstufe des Kindes und der körperlichen Hülle zuordnen. Es geht um sehr grundsätzliche Energien, die uns lange gar nicht bewusst sind, da sie zum großen Teil unsere Identität bilden.

Dem nächsten Zentrum entspricht eher die Energie des Jugendlichen:

3. Manipura Chakra

Das dritte Chakra ist auch unter dem Namen Sonnengeflecht bekannt. Auf dieser Ebene hat unsere Lebensenergie die Qualität von Selbstbewusstsein, Stabilität, Kraft und Vitalität, Macht und Eigenmächtigkeit. Hier zeigt sich, wie ich dem Leben entgegentrete. Oder im Gegenteil auch die Angst davor. Die nehmen wir dann als ein bohrendes Gefühl wahr. Z.B. bei Lampenfieber.

Angst und Unsicherheit sind typische Erscheinungen dieser Ebene und die Folge, wenn in den ersten beiden Zentren die Energie nicht fließt. Also in unserem obigen Beispiel der Nachkomme einer Vertriebenenfamilie, die alles verloren hat und in einem fremden Land mit nichts von vorne anfangen muss. Auf einer sicheren Lebensgrundlage, die mir die Basis für ein entspanntes Dasein liefert, entwickelt sich dagegen auf natürliche Weise ein positives Selbstbewusstsein. Das ist spürbar, wenn jemand in sich selbst ruht. Wenn kein positives Selbstgefühl vorhanden ist, bleibe ich ständig auf Bestätigung von außen angewiesen. Das mangelnde Selbstbewusstsein muss dann durch Fremdbestätigung ersetzt werden, was jedoch nie zu einem Ende führt, sondern zu emotioneller Abhängigkeit.

Dann versuche ich möglicherweise, es allen recht zu machen (Arbeitskollegen, Freunde), damit ich die Bestätigung nicht verliere und möglichst von allen geliebt werde. In unserem Beispiel: Nie mehr das Umfeld verlieren, nie mehr ausgestoßen zu werden kann dann der vorherrschende Antrieb sein.

Ein besonderes Feld der Kompensation spielt dabei natürlich wieder die Partnerschaft. Den Mangel an innerer Sicherheit und Selbstgefühl, der sich auch in Traurigkeit und Einsamkeit zeigen kann, versuche ich durch einen Partner auszugleichen. Das ist ein Mechanismus, dem wir alle immer wieder aufsitzen: Die Vorstellung, dass meine empfundene Unvollständigkeit von einer Partnerin oder von einem Partner ausgefüllt oder erlöst wird.

Das Sonnengeflecht sitzt ungefähr eine Handbreit über dem Bauchnabel, unter dem Rippenbogen. Bei diesem Zentrum sehen wir Verbindungen zu unserer Vitalhülle, in der unsere Lebensenergie fließt. Die Energie, die den physischen Körper bewegt und eng mit der nächsten, der Mentalhülle in Verbindung steht.

4. Anahata Chakra

Das vierte Chakra ist das Herzchakra in der Mitte des Brustbeins, welches der Mental- oder Emotionalhülle entspricht. Auf dieser Ebene hat die Energie die Qualität der Gefühle. Unsere Aufgabe ist hier, die Energie von unseren Schmerzmustern aus der Kindheit zu reinigen. Allen Emotionen, die uns zusammenziehen und uns trennen wie Angst, Ärger, Zorn, Hass, Gier müssen wir wieder begegnen und sie transformieren. Hier beginnt eine ganz neue

Qualität: Das Ich, dessen Entwicklung und Verankerung über die ersten drei Chakras stattgefunden hat, muss sich jetzt langsam wieder öffnen. Das Ich öffnet sich dem Außen und lockert dadurch seine Grenzen, seine Abgrenzung. Nicht mehr das Unterschiedliche wie mein und dein steht im Vordergrund, sondern das Verbindende. Es gibt Raum für die Erkenntnis, dass alle Menschen unabhängig von Nationalität oder Hautfarbe gleich sind. Dass wir alle mit den gleichen inneren Themen zu kämpfen haben, ja dass wir alle und alles Teil eines viel Größeren sind. Diese Ebene hebt uns zum ersten Mal ein Stück weit aus der Dualität heraus in eine Erfahrung der Einheit, die allem zu Grunde liegt. Aber diese Qualität öffnet sich erst mit dem Loslassen der alten Kindheitsschmerzen und damit der alten Kämpfe ums Überleben, ums Recht haben, ums Bessersein. Auch hier ist es so, dass mir das Öffnen leichter fällt, wenn ich auf Grund meiner bisherigen Entwicklung ein gutes Selbstbewusstsein aufbauen konnte. (1. - 3. Chakra) Damit ich mich emotionell meinem Umfeld oder auch einem Partner öffnen kann, brauche ich erst einmal einen guten Kontakt zu mir selbst, sonst bin ich wieder abhängig von der Bestätigung im Außen. Auf dieser Ebene zeigt sich die mangelnde Entwicklung vor allem als symbiotische Partnerschaften, in denen wir uns gegenseitig Elternteil und Kindteil sind. Aber auch allgemein immer dann, wenn von uns Qualitäten wie Hingabe, Nächstenliebe, Versöhnung oder Mitgefühl gefordert sind, wird sich zeigen, ob ich meine eigenen schmerzlichen Erfahrungen transformieren konnte. Oftmals zeigt sich die Qualität des Herzzentrums erst, wenn die materiellen Grundlagen unsicher werden. Also haben wir die Themen des dritten Reiches wirklich aufgearbeitet und damit transformiert, oder hat uns unser Wirtschaftswachstum dazu verleitet die Sache mit materieller Großzügigkeit zu erledigen? Die Antwort erhalten wir im Einzelnen jetzt, da der Wohlstand in breiten Schichten der Bevölkerung weniger wird.

Der Übergang in das vierte Chakra erfordert eine ganz neue Qualität: Es geht um den Übergang von der materiellen in die geistige/feinstoffliche Ebene, von der Dualität in die Verbindung auf der Herzebene. Hier ist der Übergang von Krieg in Frieden. Von Konkurrenz in Verständnis. Von Unterdrückung in das Miteinander.

Die Bewegung in der Dualität entspricht im Großen und Ganzen dem kindlichen Bewusstsein. Erst durch die Öffnung auf der Ebene der Herzenergie reifen wir zum eigentlichen Erwachsenen. Gleichzeitig betreten wir damit die feinstofflichen oder geistigen Ebenen der Wirklichkeit. Es geht um einen Quantensprung.

5. Vishudha Chakra

Das fünfte Chakra ist das Kehlkopfchakra, in welchem uns Aspekte der intellektuellen Hülle begegnen. Die Qualität dieses Energiezentrums ist Sprache/Kommunikation und Intellekt. Nebenbei bemerkt könnte man den Unterschied der Wahrnehmungsart zwischen emotioneller und intellektueller Ebene ruhig mit dem Unterschied zwischen Gehörs- und Gesichtssinn vergleichen. Einmal auf Grund der Gesondertheit der beiden Ebenen, andererseits aber auch bezüglich der Eigenheit der einzelnen Ebenen. Genauso, wie ich mich Tönen nicht verschließen kann, kann ich mich Emotionen nicht verschließen. Genauso wie ich die Augen einfach zu machen kann, kann sich mein Denken einfach mit etwas anderem beschäftigen. Und genauso wie wir Hören und Fühlen als eher passive Vorgänge bezeichnen können, sind Sehen und Denken eher aktive Vorgänge.

Die intellektuelle Ebene ist die Voraussetzung für persönliche Entwicklung und damit die Ebene, die uns wesentlich von Tieren unterscheidet. Erst durch die intellektuelle Fähigkeit der Abstraktion kann ich meine Handlungen beobachten und überdenken und das nächste Mal versuchen, mich anders zu verhalten. Dadurch erst ist mir die bewusste Auseinandersetzung mit meinen Handlungsmustern möglich. Solange ich mit dieser Fähigkeit nicht interveniere, werde ich im Affekt handeln: Ich nehme einen Sinneseindruck wahr, dieser wird mit dem Unterbewusstsein aus der emotionellen Hülle abgeglichen und dann entsteht eine, meinen Handlungsmustern entsprechende, Reaktion, die die Energie in den Körper gibt. Der typische Flucht/Kampf - Mechanismus.

Erst der Intellekt hat die Möglichkeit in Verbindung mit dem Ich, sich anders zu entscheiden. Aber er hat damit auch die Möglichkeit, sich bestimmten Themen überhaupt nicht mehr zuzuwenden. Sprich die unangenehmen Emotionen einfach wegzudrücken, bzw. zu unterdrücken. Diese Strategie hat es den Deutschen nach dem 2. Weltkrieg ermöglicht, trotz des unsäglichen Leids, wieder nach vorne zu schauen und aus dem Nichts wieder eine der wichtigsten Industrienationen zu werden. Wenn wir allerdings jetzt nicht damit beginnen, unser Herz wieder zu öffnen, dann werden wir uns in nicht allzu langer Zeit selbst auffressen. Im Moment können wir die Fassade noch einigermaßen aufrecht erhalten. In den psychotherapeutischen Praxen sind Sie der Realität darunter etwas näher dran.

Der Intellekt hätte gegenüber den Emotionen die Fähigkeit, Zusammenhänge wahrzunehmen und die entsprechenden hilfreichen Konsequenzen zu ziehen. Der Intellekt kann auch für ein größeres Ziel Durststrecken akzeptieren. Wenn der Intellekt jedoch von Ängsten, Zorn, Hass und Gier gesteuert wird, also unseren Schmerzmustern, dann bleibt er im Grunde in der materiellen Ebene hängen: Also ich zuerst das meiste. Hier zeigt sich ganz deutlich der fatale Fehler, den wir mit unserer übertriebenen intellektuellen und gleichzeitig nichtvorhandenen emotionellen Bildung machen. Wenn ich bei unserer Entwicklung seit dem 2. Weltkrieg bleibe: Auf dem Schlachtfeld, das die Geschehnisse der Nazizeit in den ersten vier Chakras hinterlassen hat, versuchen wir jetzt durch unseren Intellekt neue Gebäude des Erfolgs zu errichten. All die Themen und damit Energien der ersten vier Chakras wurden durch diese Zeit berührt: Die materielle Zerstörung, die Zerstörung der Geborgenheit in einer sozialen Gemeinschaft, die damit zusammenhängende Angst, die den Selbstwert in Frage stellt und das Grauen des Krieges und der Verbrechen gegen die Menschlichkeit. Das, was wir als Individuen unternehmen um unsere Kindheitsschmerzen nicht mehr zu spüren, die Flucht in den Intellekt, machen wir im Kollektiv als Nation. Und genauso, wie wir als Individuum vielleicht keine andere Chance hatten, erst einmal aus dem Leid heraus zu kommen, war es auch für die ganze Nation wichtig, um erst einmal aus dem Leid heraus zu kommen und wieder eine

Lebensgrundlage zu erschaffen. Und natürlich ist dann die Aufgabe wie für den Einzelnen auch für eine Nation, wieder zurück zu schauen und sich diesen Schmerzen zu stellen. Für den Einzelnen bedeutet emotionelle Bildung, sich den Geschehnissen zu stellen und zu trauern um sie dann letztlich zu transformieren, also auch loslassen zu können. Aus einem vollendeten Transformationsprozess erwächst etwas vollkommen neues, das über die alten Erfahrungen hinausgeht. Dadurch werden die alten Taten auch zum Humus für das neue Verhalten. Eine Nation kann das meines Erachtens nicht stellvertretend für den Einzelnen übernehmen. Der Staat kann ein förderliches Umfeld schaffen, damit Aufarbeitung geschehen kann. Aber dieses Umfeld kann nur den Einzelnen dabei unterstützen, den eigenen Trauerprozess zu vollziehen. Jahrzehntelanges wieder Aufrollen der alten Gräueltaten verstärkt im besten Fall Schuldgefühle, im schlechtesten Fall neue Identifikationen.

6. Ajna Chakra

Das sechste Zentrum, das dritte Auge steht für Intuition und höhere Bewusstseinsstufen. Das ist der Punkt zwischen den Augenbrauen. Hier haben wir Verbindung zur Ebene des größeren Ganzen. Das, was wir auf der Herzebene fühlen, die Verbindung in der Einheit mit allem, wird im Ajna Chakra zum Wissen. Dies ist jedoch kein intellektuelles Wissen, das einteilt und definiert und am Ende sagt: Ah, jetzt weiß ich Bescheid!

Dieses Wissen ist nicht selbstentwickelt, sondern eher eine Teilhabe an dem alles gestaltenden Bewusstsein. Deswegen wird dem dritten Auge auch die Intuition zugeordnet. Ein Wissen, das mir zufließt aus einer Ebene, die jenseits meines persönlichen Ichs liegt. Diese Erfahrungen der zugrunde liegenden Einheit unter der Welt der Verschiedenheit bilden wieder eine neue Ebene des Daseins, in der das Streben und Sorgen des Alltags ein Ende haben. Hier erst tauchen wir allmählich ein in die Glückseligkeit, der wir das ganze Leben schon hinterher laufen. Deswegen sagen die Yogis auch: Das Glück liegt in dir.

Der Zustand des Samadhi, wie er im Yoga genannt wird, wird beschrieben als: Sat, Chit, Ananda. Heißt: Absolutes Sein, Wissen und Seligkeit.

Das ist der Zustand, nach dem wir unbewusst oder auch bewusst das ganze Leben lang suchen. Der vielleicht im Bauch unserer Mutter noch unbewusst zu erfahren war, den wir jedoch durch die ganzen Erfahrungen unseres Lebens (unserer Leben?) auf eine andere bewusste Stufe heben. Diesem Zustand möchte ich die Wonnehülle zuordnen, die jedoch auch schon in anderen Erfahrungen unseres Lebens anklingt.

7. Sahasrara Chakra

Das letzte, das siebte Chakra, auch Kronenchakra, auf dem Schädeldach steht für das kosmische Bewusstsein. Dies entspricht dem Auflösen des persönlichen Ichs, so wie ein Fluss nach langer Reise sich wieder in das Meer ergießt und damit eins wird. Damit löst sich das Ich vollständig auf und es gibt nichts mehr, was wahrzunehmen wäre, noch gibt es jemanden, der wahrnimmt, noch gibt es Wahrnehmung.

Über die letzten beiden Stufen kann jetzt nur theoretisiert werden (so wie es in vielen Yogaschriften seit vielen Jahrhunderten getan wird). Und damit werden natürlich immer wieder Bilder in unserem Bewusstsein kreiert, die letztlich, um diesen Zustand erfahren zu können, losgelassen werden müssen.

Dazu Patanjali, der Autor der Rajayoga-Sutren, in seinem zweiten Yogasutra:

„Yoga ist das Auslöschen der Geistbewegungen."

Die Arbeit an den Chakras

Jede Ebene unseres Daseins erfordert den ihr entsprechenden Zugang und es ist wichtig, dass wir die Ebenen nicht miteinander vermischen: Wenn ich emotionelle Schmerzen erleide, nützt es mir nichts, wenn mir jemand erzählt, dass alles göttlich ist. Wenn mein Bein gebrochen ist, hilft es mir wenig, wenn mich jemand darüber aufklärt, dass ohnehin alles nur geistige Prozesse sind.

Um unser Selbst letztendlich zu erfahren, müssen wir alle Hüllen Schritt für Schritt transformieren. Yoga geht dabei sehr akribisch und direkt vor: Die Körperhülle wird durch die Asanas transformiert, die Vitalhülle (in der die Energieströme fließen) durch Pranayama (Kontrolle der Energie), die Emotionalhülle durch Mantrasingen, die Geisthülle durch die Philosophie und die Wonnehülle durch Samadhi, den überbewussten Zustand.

Über Asana und Pranayama haben wir schon gesprochen. Zu ergänzen wäre jetzt noch, dass sowohl die Körperübungen (Asanas) als auch die Atemübungen (Pranayama) auf die einzelnen Chakras wirken. Deshalb kommt bei den Asanas der Reihenfolge eine große Bedeutung zu. Während der Übungen konzentrieren wir das Prana (Energie) in den einzelnen Chakras und regen dadurch den Energiefluss an. Blockaden können sich wieder lösen und wenn Sie die Übungen gut kombiniert haben, dann spüren Sie am Ende, wie die Energie wieder gleichmäßig durch Ihren ganzen Körper fließt. Wie spüren wir das? Sie nehmen, vielleicht seit langer Zeit wieder einmal, sich selbst ausgeglichen und harmonisch wahr. Sie ruhen in sich und spüren, dass Sie im Moment nichts brauchen, um in diesem Zustand zu verweilen. Das sind die ersten Erfahrungen von: Das Glück liegt in mir. Und: Ich habe es selbst in der Hand.

Also die grundlegenden Energien der ersten drei Chakras werden durch Asanas und Pranayama gereinigt: Ankommen im Körper, sich wohl und geborgen fühlen und somit auch einen guten Kontakt zum eigenen Selbst erfahren.

Wenden wir uns als nächstes der Emotionalhülle zu. Hier begegnet uns oft ein sehr weit verbreitetes Missverständnis: Durch die Asanas und vielleicht auch etwas Pranayamaübungen haben wir mehr Energie zur Verfügung als vorher. Das kann uns begeistern, da wir uns dadurch angenehmer Wahrnehmen, wir haben mehr Antrieb um Dinge zu tun und wir sind auch weniger empfänglich für negative Energien. So wird Yoga heute auch oft beworben:

Mehr Leistungsfähigkeit, mehr Freude, mehr Erfolg...

Das Problem ist dabei folgendes: Durch die ganzen Zusammenhänge, die im ersten Teil des Buches beschrieben wurden, machen wir in unserem Leben schwierige oder schmerzhafte Erfahrungen, die uns irgendwann zum Yoga bringen. Meistens kommen die Leute mit der Beschwerde, dass sie sich nicht mehr entspannen können. Dann machen sie fleißig ihre Asanas, entspannen sich etwas und tanken neue Energie, um hinterher noch mehr von dem zu tun, was sie zuerst in die Krise gebracht hat. Da wird Yoga als Aufputschmittel benutzt. Und wenn wir uns den Markt ansehen, wie heute Yoga verkauft wird, dann hat sich daraus wohl schon ein richtiger Boom entwickelt. Diese Entwicklung ist zu beobachten, seitdem die Filmschauspieler(-innen) Yoga für sich entdeckt haben.

Wenn wir Yoga dazu benutzen, um endlich auch so hip zu sein wie wir vermeintlich sein sollten, dann haben wir da etwas gründlich missverstanden. Oder anders gesagt, dann sind wir auf der körperlichen Ebene stehengeblieben. In den Chakren 1 - 3, also Kind und Jugendlicher. So etwas passiert, wenn man aus einem ganzheitlichen System nach Gutdünken einzelne Teile herauspickt und vom Zusammenhang gelöst verwendet. Das entspricht der kindlichen Vorstellung: Kopf in den Sand - wird schon gut gehen.

Wir müssen jetzt den nächsten Schritt auf der Yogaleiter angehen: die Reinigung der Emotionalhülle.

Im Yoga bedeutet das, dass wir uns mit unseren Samskaras, unseren Denkgewohnheiten und unserem Unterbewusstsein auseinandersetzen müssen. Und hier geht es ganz klar um die Kindheitsschmerzmuster! Wenn wir uns diesen Automatismen nicht stellen, dann sind wir auf der Flucht. Das meiste, was wir heute unter der Bezeichnung Esoterik und Spiritualität erleben, ist meines Erachtens dem Automatismus des Spiritualisieren zuzuschreiben. Es hat keine wirkliche Auseinandersetzung mit den eigenen Mustern stattgefunden. Im Gegenteil wird das Heil immer im Außen gesucht. Immer kommt irgendein Meister von außen, der uns den richtigen Weg weist, uns von der dunklen Energie befreit oder sonst wie heilt. Die einschlägigen Magazine sind voll von Heilsversprechen und neuesten Erleuchtungsmethoden. Alles im Dienste des neuen Zeitalters.

Meist ist das eine neue Spielart des kleinen Kindes, das seine Eltern für Gott hält. Es hat nichts mit Eigenverantwortung, nichts mit Selbsterkenntnis zu tun. Und die Reinigung auf der emotionellen Ebene hat auch nichts mit der Verhaftung im Erfolg zu tun.

Das Gegenteil ist der Fall: Die Reinigung der emotionellen Hülle bedeutet Stück für Stück die Verhaftungen und falschen Vorstellungen (des kleinen Kindes) loszulassen. Und das ist ein Prozess, der nur über Praxis erfahren werden kann. Es geht um Transformation, das heißt Verwandlung, und das fällt uns gerade auf dieser Ebene sehr schwer, da es jetzt darum geht, all die lieb gewordenen Anhänglichkeit loszulassen. All meine persönlichen Vorlieben, all meine kleinen Egospielchen. Und auch hier geht es nochmal um das ganz ankommen im Hier und Jetzt; und zwar auf der Herzebene.

Der Weg dazu ist Hingabe. Hingabe hat so einen herausragenden Stellenwert, dass es sogar einer der vier Haupt-Yogapfade bildet: Bhaktiyoga

Wie schon erwähnt ist die emotionelle Ebene der Teil in uns, der uns im Leben antreibt. Wir tun im Grunde alles immer dafür, dass wir uns gut fühlen. Und dieses sich gut fühlen findet natürlich in der emotionellen Hülle statt. Nur laufen wir auf Grund unserer Prägungen meist Dingen hinterher, die uns eigentlich gar nicht so gut tun. Z.B. Suchtmittel. Im Grunde können wir feststellen, dass alle Objekte, die wir uns für unser Glück wünschen, uns letztlich nur vorübergehend glücklich machen. Und so kommt die ganze Spirale unserer Wachstumsgesellschaft in Gang. Yoga sagt, dass wir von Objekten und auch von Menschen nie das absolute Glück erfahren können. Und deswegen ziehen wir unsere Hingabe von den Objekten ab und richten sie auf das Göttliche. Im Yoga ist es vollkommen egal, wie Sie es bezeichnen wollen. Ob Gott, Allah, Brahma, Buddha, Manitou etc. Es geht immer um das gleiche göttliche Prinzip hinter allen Erscheinungen. Yoga ist überkonfessionell. Es ist in seiner Vorgehensweise eher wissenschaftlich ausgerichtet. Ein Weg der Erfahrung.

Die Yogis nutzen für die Reinigung der Emotionalhülle das Singen von Mantra und Kirtan. Mantras sind sehr ursprüngliche Klangsilben, die die Emotionen in uns reinigen. Die Emotionen, die wir ständig aufnehmen und uns Energie rauben, können durch Mantrasingen wieder ausgeglichen werden. Und statt dieser rajasigen Emotionen, die uns immer an irgendwelche Wünsche und Objekte binden, installiert das Kirtansingen sattvige Energien die unser Streben und Wünschen in feinere Ebenen lenken. Dabei machen wir erste wichtige Erfahrungen mit dem Aktivieren unserer Wonnehülle und wir lernen dadurch auch im Alltag immer genauer zu unterscheiden, welche Art von Energie uns gut tut und welche nicht. Es fördert also wieder unser Viveka, die Unterscheidungskraft. Wir lernen dadurch auch den Unterschied zwischen Spaß und Wonne kennen. Spaß ist eher rajasig, also sehr emotionell. Durch seine gröbere Schwingung bindet er uns auch. Die Wonne oder auch Glückseligkeit, von der wir im Yoga sprechen, ist sattvige Energie und öffnet dadurch unser Herz. Spaß kann auch auf Kosten anderer empfunden werden, Wonne bezieht andere immer mit ein. Von richtigen Bhaktiyogis wird gesagt, dass sie die Selbstverwirklichung meiden, da sie dadurch nicht mehr die Glückseligkeit ihrer Hingabe genießen können.

Aber wir sind noch nicht am Ende des Yogaweges, denn es kommt jetzt noch eine weitere wichtige Ebene. Die intellektuelle Hülle, denn Hingabe ohne Bewusstsein kann auch in Fanatismus umschlagen. Die Fallen des Egos lauern ständig und überall. Das zeigen uns sämtliche Religionskriege der Menschheit bis jetzt. Religion, also die Rückverbindung zu Gott, hat nichts mit Krieg gegen andere Menschen zu tun. Das ist der Fanatismus der verletzten inneren Kinder. Da geht es um Leben oder Tod auf der körperlichen Ebene.

Erst durch unser Bewusstsein, was uns auch vom Tier im Wesentlichen unterscheidet, ist uns der Weg des individuellen Wachstums möglich. Wachstum findet immer statt, aber ohne Selbstbewusstsein gibt es Wachstum nur auf der Ebene der Gattung. Erst das Selbstbewusstsein ermöglicht dem Menschen individuelles Wachstum in seinem Leben. Und es ist nicht nur eine Möglichkeit sondern es ist unsere Aufgabe.

Dieses Wachstum ist jedoch nur möglich, wenn wir uns mit den Erscheinungen auseinander setzen. Dazu braucht es den Mut zur Wahrheit und Aufrichtigkeit. Es braucht auch den Willen zu klarer Kommunikation. Das sind nicht unbedingt Werte, die wir kleinen Kindern zuschreiben würden und deswegen fällt uns das auch oft schwer, wenn wir in unsere Kindheitsmuster abtauchen. Dann werden eher Nebelkerzen gezündet, um sich aus der Affäre zu ziehen, aber es findet keine konstruktive Auseinandersetzung statt.

Ein typisches Beispiel dafür ist der politische Diskurs. Wahrheit, Aufrichtigkeit und klare Kommunikation scheint da gemieden zu werden, wie der Teufel das berühmte Weihwasser. Das stiftet Verwirrung. Ohnehin haben wir inzwischen eine Kultur des Schönfärbens entwickelt in der nur noch allgemein akzeptiert ist, was positiv klingt. Alles andere passt nicht zu unserem „gut drauf sein" - Schema und gehört in die Ecke Spielverderber. Wenn wir uns allerdings den Erscheinungen nicht mehr stellen, dann können wir auch nicht die richtigen Schlüsse ziehen und auch nicht die richtigen Handlungen ausführen. Die Frage ist dabei natürlich, an welchen Zielen wir unsere Handlungen ausrichten. Wenn das Ziel darin besteht, dass Wenige auf Kosten von Vielen in unermesslichem Reichtum leben, dann sollten wir damit weiter machen.

Persönliches Wachstum ist allerdings nur möglich, wenn ich mich der Wirklichkeit stelle. Das ist schwierig genug, da wir ja auf Grund unserer Prägungen zu Fehleinschätzungen neigen. Die Yogis der alten Zeiten haben das auch schon erkannt und so hat Patanjali Maharishi in seinen Rajayoga-Sutren am Anfang der Yogapraxis ein paar ethische Grundregeln aufgestellt:

Yama und Niyama

Zu den **Yamas** zählen: Gewaltlosigkeit, Wahrhaftigkeit, Nichtstehlen, Enthaltsamkeit und Nichtannehmen von Geschenken

Die **Niyamas** sind: Reinheit, Zufriedenheit, Entsagung, Studium der Schriften und Hingabe an Gott

Erst dann beschreibt Patanjali die nächsten Stufen im Rajayoga als Asana, Pranayama, Pratyahara (Zurückziehen der Sinne), Dharana (Konzentration), Dhyana (Meditation) und Samadhi (überbewusster Zustand)

Diese ethischen Grundregeln reinigen die emotionelle Hülle und beugen somit Missbrauch vor. Denn wenn wir als verletzte Kinder zu Macht und Einfluss kommen, dann werden wir unsere Macht sicher missbrauchen. Die Auswirkungen davon erleben wir in unserer Welt täglich.

Allein die ersten zwei Yamas werden uns schon sehr fordern. Denn Gewaltlosigkeit bezieht sich nicht nur auf körperliche Gewalt sondern auf jegliches Nichtverletzen auf allen Ebenen. Also auch mit Worten. Gleichzeitig fordert er aber auch Wahrhaftigkeit.

Übung 24

Beobachten Sie einmal, wie oft sie an einem Tag in den Konflikt kommen, gleichzeitig die Wahrheit zu sagen und dabei Ihr Gegenüber nicht zu verletzen.

Wir werden an diesen ethischen Grundregeln immer wieder scheitern. Aber es ist eine wichtige Übung für die Achtsamkeit im Alltag. Es gibt meinem Geist eine Aufgabe, an der er sich entwickeln kann. Das bedeutet geistige Reinigung. Auch Reinigung der Sprache und des Verhaltens. Denn Sprache hat Kraft. Das erleben wir ständig, wie uns Worte auch verletzen können. Das, was ich ausdrücke, nach außen gebe, wird letztlich wieder auf mich zurück fallen.

Auch Enthaltsamkeit und nicht Annehmen von Geschenken sowie natürlich vor allem das Nichtstehlen beugt Verflechtung von Energien vor. Und es geht nie nur um die materielle Ebene, sondern immer auch um die geistige Ebene. Also auch nicht stehlen von geistigem Eigentum. Die Yamas beginnen auf der materiellen Ebene und setzen sich in der emotionellen und geistigen Ebene fort. Je mehr ich die Energien der einzelnen Ebenen reinige, desto mehr wird mir auch mein eigener Anteil an meinen

Erfahrungen bewusst, lerne ich immer feinere Unterscheidungen in meinem Bewusstsein zu würdigen.

Schließlich müssen wir alle Ebenen in uns beachten, sonst gehen wir unserem Ego auf den Leim. Also Körper, Energie, Emotion, Geist. Alle vier Ebenen sind Teil von uns und greifen ineinander. Wenn wir nur unseren Intellekt schulen und die emotionelle Ebene dabei missachten, dann nutzen wir unsere technischen Erfindungen um andere Menschen zu unterdrücken, anstatt sie zu unterstützen.

Die Chakras im Alltag

Die einzelnen Ebenen sind jetzt nicht säuberlich voneinander getrennt, sondern beeinflussen sich gegenseitig. Zum Beispiel nehmen wir Gefühle in unserem Herzchakra wahr, spüren sie aber auch im Sonnengeflecht und im Sakralzentrum. Angst kann uns im Sonnengeflecht ganz schön die Energie rauben, und auch dafür sorgen dass wir vor lauter Klos im Hals kein Wort mehr heraus bringen, oder im Extremfall keinen klaren Gedanken mehr fassen können. Genauso kann ich durch meinen Intellekt die Gefühle kontrollieren, indem ich mich einfach bei unangenehmen Situationen mit anderen Dingen beschäftige. Oder ich ziehe mich überhaupt in eine geistige Welt zurück, um meinem Körper und meinen schwierigen Emotionen aus dem Weg zu gehen.

Wenn wir uns in unserem Leben noch nie mit diesen verschiedenen Ebenen auseinandergesetzt haben, und das ist in unserer Kultur der Normalfall, dann werden wir das auf Anhieb nicht auseinander halten können. Das, was wir dann wahrnehmen, ist das Ergebnis aus dem Zusammenspiel aller Ebenen. Wir bezeichnen das als unsere Identität. Das ist die selbe Identität, die wir im ersten Teil des Buches als das Ergebnis der Entwicklung über unsere Kindheit beschrieben haben. Die Yogis sind nur eine Etage tiefer gestiegen und haben herausgefunden, wie und wo sich diese Identitäten in uns verankern. Und damit haben sie auch einen Weg entwickelt, diese festen Strukturen wieder in Bewegung zu bringen. Und nochmal: Das ist für die meisten das wirklich erstaunliche, dass das, was ich bisher als unumstößliche Gewissheit erlebt habe, also meine Identität, vollkommen wandelbar ist. Im Grunde ist es nur eine Frage der Bereitschaft. Aber daran scheitert es meistens auch, da wir uns schon seit Jahrzehnten mit den Gegebenheiten arrangiert haben und auch nicht wissen, was dann kommt. An dieser Stelle entscheiden wir, ob wir uns auf die geistige Ebene einlassen, oder ob wir weiterhin nur an der materiellen Ebene festhalten. Unser Weg geht ohnehin in Richtung auflösen des Materiellen. Spätestens, wenn der Körper stirbt, löst er sich auf. Wenn wir uns dann allerdings nur mit den körperlichen Prozessen identifizieren, wird es schwierig werden. Dann geschieht der ganze Loslaßprozess, den wir in unserem Leben Stück für Stück durchlaufen könnten, in der Stunde unseres Todes. Ob das dann ein friedliches Ereignis wird, ist zumindest fraglich.

Wie bereits beschrieben, bilden die ersten zwei Chakras unser Fundament an Körperlichkeit und Lebenskraft. Auf der nächsten Stufe, dem Sonnengeflecht, tritt dann die Energie mehr nach außen und zeigt sich in Form von Selbstbewusstsein und Eigenmächtigkeit. Wenn ich in diesen Qualitäten gegründet bin, ist es mir allmählich auch möglich, mein Herz auf der vierten Ebene zu öffnen. Mir gegenüber und damit auch meinem Umfeld gegenüber. Das sind alles Lebensprozesse, die immer mit sehr viel Erfahrungen, also auch mit Scheitern einher gehen. Dadurch lernen wir uns im Laufe unseres Lebens immer besser kennen und entwickeln dadurch auch die entsprechenden Fähigkeiten unsere persönliche Aufgabe oder unseren Lebensweg umzusetzen, zu leben.

Die Kommandozentrale für diese ganzen Lebensäußerungen ist dann mein Bewusstsein, der Intellekt in Verbindung mit meinem Ichbewusstsein. Wenn von der körperlichen bis zur emotionellen Ebene ein guter Kontakt vorhanden ist, dann kann der Intellekt auch die richtigen Schlüsse ziehen. Wenn nicht, dann geht es meistens schief, denn was ist eigentlich die Aufgabe unseres Intellekts? Der Intellekt hat die Fähigkeit zu abstrahieren, zu kombinieren und letztlich auch Schlüsse zu ziehen, seien sie nun logisch oder nicht. Aber eines ist bei der ganzen Gedankenarbeit wichtig zu sehen: Der Intellekt kann immer nur über das nachdenken, was er kennt. Dinge, die nicht Teil meiner Erfahrung sind, kann ich nicht bedenken. Die Werkzeuge der Erfahrung sind jedoch der physische Körper und die damit in Verbindung stehenden psychischen Funktionen. Also die physische, vitale und emotionale Hülle. Wenn ich mich jedoch geistig von diesen Ebenen abkopple, weil ich es nicht mehr spüren möchte, dann kann ich kaum richtige Entscheidungen in meinem Leben treffen. Das wäre so, als wenn ich in der Nacht das Licht ausschalte und mich dann darüber beklage, dass ich nichts sehen kann. Das ist der Trotz des verletzten Kindes in mir. Das ist der Automatismus der Flucht. Geistiges Abheben, Theoretisieren, sich nicht mehr auf die Gegebenheiten einlassen. Eines unserer Lieblingsspiele. Kopf in den Sand, wird schon gut gehen.

Durch unsere Erfahrungen entwickeln wir das ganze schon beschriebene Sammelsurium an Verhaltensweisen, die sich alle in unserem feinstofflichen Körper als Energieblockaden oder -staus niederschlagen. Eine Handlung hinterlässt noch keine Spuren. Aber Gewohnheiten, also Verhaltensmuster oder Denkmuster lenken unsere Energie immer in bestimmte Richtungen. Das machen wir täglich in unserem Alltag. Deswegen spüren wir dann auch immer die gleichen Verspannungen, die gleichen Körpersymptome. Wenn wir dann abends Yogaübungen machen, dann bringen wir die Energie wieder etwas in Fluss und das entspannt nicht nur unseren Körper sondern auch unseren Geist, unser Gemüt.

Am nächsten Tag geht das Ganze wieder von vorne los. Wir kreieren wieder die gleichen Muster mit dem gleichen Ergebnis.

Wenn wir die Übungen regelmäßig machen, dann merken wir allmählich, wie sich in uns eine ganz neue Qualität entwickelt. Wir nehmen das als mehr Gelassenheit, mehr Energie aber auch mehr Leichtigkeit wahr. Manche sagen auch, sie fühlten sich zentrierter. Jedenfalls bringt uns der Alltag nicht mehr so aus unserer Mitte. Wenn wir dann unsere Yogapraxis beibehalten, entwickelt sich so dauerhaft ein neues Lebensgefühl.

In den Asanas arbeiten wir über den physischen Körper in erster Linie an unserem Astralkörper, also dem feinstofflichen Körper. Durch Druck oder Dehnung im physischen Körper werden die jeweiligen Chakras stimuliert und somit die Energie erhöht. Dadurch reinigen wir die Kanäle wieder und die Energie kann wieder freier fließen. Das spüren wir nach einer Yogastunde direkt dadurch, dass unser Geist wieder freier wird. Die Gedanken, die uns vorher noch zwanghaft beherrschten, kommen zur Ruhe. Aber nicht nur die Gedanken, sondern auch die Emotionen, unsere Lebensenergie und auch der physische Körper sind wieder entspannter.

Diese Reinigung der Kanäle und die Erhöhung der Energie sind in allen vier Hüllen spürbar. Durch die Harmonisierung der Energie treten diese Hüllen etwas in der Wahrnehmung zurück und dadurch wird der Kontakt zur fünften, der Wonnehülle wieder spürbar.

In diesem Kontakt wird uns bewusst, dass das, was wir immer im Außen suchten, schon in uns angelegt ist, ja nur in uns selbst zu finden ist. Es entsteht ein Gefühl des einverstanden seins mit den Dingen wie sie sind. Das Gefühl der Unvollständigkeit, der Bedürftigkeit, der Unzufriedenheit schwindet und es kehrt wieder Frieden ein.

Dieser Frieden ist jedoch nur wahrnehmbar, wenn die anderen Hüllen Ruhe geben. Die Ruhe stellt sich automatisch ein, sobald der Lärm endet. Der Lärm unserer Gedanken. Deshalb heißt es im zweiten Vers der Raja-Yoga-Sutra von Patanjali: Yoga ist das Auslöschen der Geistbewegungen.

Die Frage ist jetzt jedoch, wie kann ich diesen Zustand dauerhaft installieren. Denn wenn Sie diese Erfahrung des einverstanden seins einmal gemacht haben, dann wissen Sie, dass es im Leben eine völlig andere Qualität gibt, als das, was uns im Alltag so umgibt.

Yoga im Alltag - **Übung des Raja-Yoga**

Wir haben bis jetzt von Yama und Niyama, den ethischen Grundregeln gesprochen, auf denen dann die Asanas und das Pranayama aufbauen. Aber wie schon erwähnt, gehen die Schritte im Raja-Yoga noch weiter.

Raja-Yoga ist einer der vier großen Yogapfade. Es ist der königliche Pfad der Energiekontrolle. Und ob Sie jetzt Yogameister werden wollen, oder nicht, die Übung des Rajayoga ist im Grunde das beste Mittel um emotionell Erwachsen zu werden.

Die fünfte Stufe im Rajayoga ist **Pratyahara**, das Zurückziehen der Sinne. Das bedeutet, dass ich meine Aufmerksamkeit von der Außenwelt zurück ziehe und in das innere Erleben richte. Erinnern Sie sich? Das war die Übung, die Sie im 3. Teil zur Kontrolle der Automatismen kennenlernten. Dieses Zurückziehen der Sinne fällt uns alles andere als leicht und deswegen ist es gut, das erst einmal an einem geschützten, möglichst ruhigen Ort zu üben. Sie sollten dabei eine aufrechte Körperhaltung einnehmen, da Körper und Geist ansonsten leicht müde werden und abschweifen. Aber auch im Alltag ist das eine sehr gute und wichtige Übung. Gehen Sie z.B. durch eine Einkaufsstraße und versuchen Sie, Ihre Sinne von den Schaufenstern zurück zu ziehen. Oder von den Passanten, die an Ihnen vorüber gehen. Versuchen Sie gedanklich nicht einzusteigen in das, was Sie sehen. Sie üben damit, Ihren Geist zu kontrollieren.

Die nächste Stufe ist dann **Dharana** oder Konzentration, die eigentlich beim Zurückziehen der Sinne schon geübt wird. Der Zustand der Konzentration ist dann erreicht, wenn wir uns bis zu 30 Sekunden auf nur einen Gedanken ausrichten können. Ein Gedanke heißt: Nur ein Gedanke! Der Gedanke, ob ich noch konzentriert bin, ist schon mindestens ein zweiter Gedanke. Das müssen Sie wieder in Ihrem stillen Kämmerlein üben. Also am besten in einer Sitzhaltung mit gekreuzten Beinen, das lenkt die Energie nach innen.

Danach kommt die Stufe der Meditation oder **Dhyana**. Meditation ist dann erreicht, wenn ich für längere Zeit mit dem Objekt meiner Ausrichtung eins werde. Und hier ist es am besten, wenn Sie sich auf die Instanz in Ihnen konzentrieren, die alles andere wahrnimmt, also z.B. Ihre Geistbewegungen, Sinneseindrücke etc.

Die letzte, achte Stufe ist **Samadhi**, das Auslöschen der Gedanken.

Es versteht sich von selbst, dass Sie für solche Übungen in der Lage sein müssen, Ihren Körper vollständig entspannt und bewegungslos zu halten. Solange Ihnen der Körper beim Sitzen weh tut, werden Sie sich nicht gut konzentrieren können. Auch deswegen wurden im Yoga die Asanas eingeführt, damit der Körper für das lange Sitzen gestärkt wird.

Wenn Sie mit diesen Übungen beginnen, werden Sie erst einmal merken, wie Ihr Geist ständig Kapriolen schlägt. Denn er ist es überhaupt nicht gewohnt, sich nur mit einer Sache zu beschäftigen. Dabei ist es das Beste einfach ruhig sitzen zu bleiben, tief zu atmen, Spannungen und Gedanken auszuatmen und ansonsten diese ganzen Bewegungen im Geist zu beobachten. Dadurch wird uns erst einmal bewusst, was da alles so in unserem Geist passiert. Es wird Ihnen dabei auch klar werden, warum Sie sich oft so zerrissen und nervös fühlen. Das ist das Ergebnis ihrer geistigen Aktivität. Außerdem machen wir die wichtige Erkenntnis, dass es uns kaum möglich ist, unseren Geist beliebig zu kontrollieren. Da ist etwas in uns in Bewegung (unsere Gedanken), das sich weitestgehend unserer Kontrolle entzieht. Und wenn wir dann bedenken, dass dieser unkontrollierte Geist das Medium ist, mit dem wir unsere Entscheidungen treffen, dann kann man sich schon Gedanken machen, wer da eigentlich wen entscheidet.

Die Qualität ihrer Geistbewegungen steht in direktem Zusammenhang mit der Qualität ihres Pranas, also ihrer Energie. Diese Qualität wird, wie schon besprochen, durch die Gunas ausgedrückt. Wenn Sie vorwiegend tamasig, also träge oder müde sind, werden Sie beim Meditieren wahrscheinlich einschlafen. Wenn Sie sehr rajasig sind, also unruhig, dann werden ihre Gedanken mit Ihnen Achterbahn fahren. Deswegen gibt es im Rajayoga die ersten vier Stufen, die alle dazu dienen, die Energie in den sattvigen, also ausgeglichenen Zustand zu versetzen. Erst dann werden Sie eine nennenswerte Chance haben, ihr Gedankenspiel auszudünnen.

Wenn Sie diese Übung regelmäßig machen, werden Sie zwei wichtige Dinge über sich selbst erfahren: Das erste ist, dass Sie durch diese Beobachtung Ihrer inneren Prozesse immer mehr Ihre eigene Energie, Ihren Antrieb, Ihren zweiten Energiestrom, das was Sie aus der jeweiligen Situation machen, kennen lernen. Und Sie werden erleben, dass Ihnen dieser Antrieb auch in der Meditation in die Quere kommt. Das heißt, Sie lernen dadurch etwas über Ihre Muster, über den Anteil, den Sie selbst im Alltag beisteuern.

Das zweite, was Ihnen bei dieser Übung allmählich bewusst wird ist, dass Sie nicht Ihr Geist sind. Das vielleicht grundlegendste Problem ist unsere

Identifikation mit unserem Geist. Aber eigentlich reflektiert der Geist nur die Inputs, die er durch die Wahrnehmungskanäle erhält. Es ist einfach ein ganz bestimmter Blickpunkt, eine ganz bestimmte Betrachtungsweise der Situation, die in unserem Geist reflektiert wird. Allein schon die Tatsache, dass ich die Gedanken oder Bilder in meinem Geist beobachten kann, setzt schon voraus, dass ich nicht der Geist bin. Ansonsten wäre ich in jedem Moment ein anderer, ebenso schnell, wie der Geist seine Inhalte wechselt. Da könnten wir kaum dieses stabile Lebensgefühl entwickeln, das wir für gewöhnlich haben. Nein, das was uns im Grunde unseres Seins ausmacht, geht weit über die Geistbewegungen hinaus, treffender wäre vielleicht die Bezeichnung: Stiller Beobachter. Alles was existiert können wir nur als existierend anerkennen, wenn es in unserem Geist erscheint. Und alles was in unserem Geist erscheint, kann ich beobachten. Auch meine Handlungen, meine Emotionen. Alles was existiert, existiert in meinem Geist und wird von mir beobachtet.

Was hilft uns diese Übung jetzt beim Erwachsen werden?

Es ist im Grunde die gleiche Übung, die wir auch im Alltag machen, wenn wir unsere Automatismen beobachten wollen. Was begegnet mir und was macht es in mir? Welche Emotionen zeigen sich, was nehme ich in meinem Herzchakra wahr, was in meinem Sonnengeflecht? Raubt mir die Situation meine Energie, erlebe ich Angst oder Wut oder Ärger oder Zuneigung oder Selbstzweifel? Vielleicht auch Scham oder Unzulänglichkeit? Was denkt es daraufhin in meinem Geist? Welche alten Erfahrungen projiziert mein Geist auf die aktuelle Situation? Zu was wäre ich jetzt in der Lage? Was möchte ich eigentlich? Habe ich ein Bedürfnis oder würde ich einfach gern davonlaufen?

Ich beobachte alle Bewegungen, die in mir stattfinden und weiß gleichzeitig, dass es einfach Energiebewegungen sind. Ich muss mich nicht damit identifizieren. Ich bin der Beobachter. Sie werden vor allem am Anfang vielleicht nicht immer so viel Zeit haben, um den ganzen Prozess zu durchlaufen. Und Sie werden auch immer wieder in die Fallen treten. Aber mit der Übung schaffen Sie es, nicht mehr in Resonanz zu gehen. Und dazu trägt natürlich, wie schon beschrieben, die ganze Yogapraxis bei. Durch die regelmäßige Praxis ändert sich mit der Zeit unsere Energie. Wir könnten sagen, wir erhöhen die Frequenz unserer Schwingung und gehen somit mit manch anderen Energien nicht mehr in Resonanz. Wenn ich nicht mehr in Resonanz gehe, dann tut es nicht mehr weh! Ich nehme trotzdem wahr, was passiert, was in meinem Umfeld gerade ausgesendet wird, ab es trifft mich nicht mehr so wie früher. Und Energie wird immer ausgesendet. Alle möglichen Arten von Emotionen. Wenn Sie unter vielen Menschen sind, dann baden Sie förmlich in den ganzen Emotionen aller Beteiligten.

Durch die Kontrolle Ihrer Energie lernen Sie es, nicht mehr auf Angriffe einzusteigen und gleichzeitig die Qualität auszustrahlen, die Ihrem Herzen entspricht. Dadurch erlangen Sie Unabhängigkeit von Ihrem Umfeld. Sie entscheiden selbst, in welcher Qualität Sie leben wollen und können anderen ihre Entscheidung lassen, in welcher Qualität sie leben wollen.

Durch die Yogapraxis reinigen und transformieren Sie also Ihre Energie und zwar vor allem auf der emotionellen Ebene. Das ist dann auch die Antwort auf die Frage: Wie schaffe ich es, nicht so viel von meinen Mitmenschen aufzunehmen? Aber gleichzeitig geht es nicht darum, sich einfach zurück zu ziehen. Zumindest solange Sie in einer Gesellschaft leben. Sondern die Aufgabe ist auch, unser Herz zu öffnen: Wir haben es jetzt gelernt, nicht mehr so angreifbar zu sein für alle möglichen Angriffe, also Kinderschmerzmuster, aber es geht auch darum, sich nicht abzukapseln, sondern die Energie zu wandeln. Das ist der Dienst am Nächsten. Wenn Sie Kinder haben, wäre es ein Leichtes, sich zurück zu ziehen, wenn die Kinder sich nicht so verhalten, wie

Sie es wünschen. Aber das ist keine Lösung. Das ist Machtausübung. Es geht darum in Kontakt zu bleiben, die Energie der Begegnung zu transformieren, damit wieder ein Zusammenkommen und Weitergehen möglich ist. Das ist die einzige Chance die wir als Menschen letztlich haben: Uns hingeben in den Prozess der Transformation.

Nachwort

Wir sind jetzt in Gedanken einen langen Weg zusammen gegangen. Einiges ist Ihnen vielleicht bekannt vorgekommen, manches hat Sie vielleicht nicht angesprochen. Einiges wurde sehr pointiert formuliert, vieles wurde gar nicht erwähnt. Und wenn Sie in Ihr Leben schauen, dann kommt Ihnen das ein oder andere vielleicht sehr abstrakt vor. Aber alles hat seine Zeit und seine Berechtigung und selten laufen die Dinge in unserem Leben so linear, wie wir es oft gerne hätten.

Die Welt wird sich weiter drehen, ob Sie sich mit Ihren Mustern auseinandersetzen oder nicht. Und auch wenn Sie es tun, werden Sie immer wieder schwierige Zeiten haben. Alles andere sind kindliche Illusionen.

Und trotzdem werden Sie Wandlung erfahren. Dazu möchte ich eine ehemalige Seminarteilnehmerin zitieren: „Jetzt habt ihr uns zwei Jahre lang erzählt, dass wir die Welt nicht ändern können, sondern nur uns selbst. Und in diesen zwei Jahren hat sich bei mir sehr viel zum Positiven verändert. Jetzt stelle ich fest, dass mir dadurch auch meine Mitmenschen anders begegnen."

Swami Sivananda, der berühmte Yogameister aus Rishikesh hat folgenden Satz geprägt: „Ein Gramm Praxis ist mehr wert als Tonnen von Theorie!"

Die Yogis haben erkannt, dass uns das Nachdenken nicht weiterbringt, da sich das Denken immer nur in denselben Kreisen bewegt, die unsere Wahrnehmungsfähigkeit vorgibt. Um die Frage unserer Herkunft und unserer Identität zu beantworten, müssen wir das Denken einschränken und uns statt dessen wieder den Ebenen widmen, die wir auf Grund unserer Erfahrungen verdrängt haben. Das klingt sogar für unseren Geist plausibel und damit haben wir wieder etwas gelernt.

Und schon gehen wir wieder in die intellektuelle Falle, indem wir uns innerlich sagen: Ja, jetzt weiß ich, dass ich praktizieren muss. Dieses Wissen ist vollkommen wertlos, wenn ich nicht danach handle. Das einzige, was zählt, sind meine Handlungen. Wenn ich anders handle, dann mache ich andere Erfahrungen, weil das, was ich erlebe, immer das Ergebnis meiner vorhergehenden Handlungen ist.

Wenn Sie etwas tun wollen, dann melden Sie sich unter:

www.uweheymann.com

Literaturhinweise

Bertold Ulsamer:

Das Handwerk des Familienstellens, Goldmann 2001

Bert Hellinger:

Ordnungen der Liebe, Carl Auer 2013

Anerkennen was ist, Arkana 2006

Und viele andere

Achim Schad:

Kinder brauchen mehr als Liebe, Carl Auer 2015

Thich Nhat Hanh:

Versöhnung mit dem inneren Kind, O.W.Barth 2011

Robert Bly:

Eisenhans, rororo 2005

Sabine Bode:

Die vergessene Generation, Klett-Cotta 2013

Stephen Wolinsky:

Die dunkle Seite des inneren Kindes, Lüchow 1995

David Frawley:

Die spirituelle Praxis des Vedanta, Windpferd 2003

Über den Autor

Uwe Heymann, geb. 1965 im Allgäu, ist Heilpraktiker für Psychotherapie und Yogalehrer.

Er lebt mit seiner bezaubernden Frau und Tochter zusammen in Traunstein, wo er eine Praxis für Psychotherapie und eine Yogaschule betreibt.

Prägend für seine Arbeit waren vor allem die Erfahrungen durch Yoga, Medizinrad und Systemik. Aber auch die jahrzehntelange Arbeit mit Kindern, Jugendlichen und Erwachsenen in seinem Erstberuf als Musiklehrer fließt als Erfahrung in seine therapeutische Tätigkeit mit ein.

www.uweheymann.com